I0155387

Learn Danish with Short Stories

HypLern Interlinear Project
www.hyplern.com

First edition: 2025, August

Author: Hans Christian Andersen
Translation: Kees van den End
Foreword: Camilo Andrés Bonilla Carvajal PhD

Translation and interlinear formatting © 2025 Bermuda Word. All rights
reserved.

ISBN: 978-1-988830-19-3

kees@hyplern.com
www.hyplern.com

Learn Danish with Short Stories

Interlinear Danish to English

Author
Hans Christian Andersen

Translation
Kees van den End

HypLern Interlinear Project
www.hyplern.com

The HypLern Method

Learning a foreign language should not mean leafing through page after page in a bilingual dictionary until one's fingertips begin to hurt. Quite the contrary, through everyday language use, friendly reading, and direct exposure to the language we can get well on our way towards mastery of the vocabulary and grammar needed to read native texts. In this manner, learners can be successful in the foreign language without too much study of grammar paradigms or rules. Indeed, Seneca expresses in his sixth epistle that "Longum iter est per praecepta, breve et efficax per exempla[1]."

The HypLern series constitutes an effort to provide a highly effective tool for experiential foreign language learning. Those who are genuinely interested in utilizing original literary works to learn a foreign language do not have to use conventional graded texts or adapted versions for novice readers. The former only distort the actual essence of literary works, while the latter are highly reduced in vocabulary and relevant content. This collection aims to bring the lively experience of reading stories as directly told by their very authors to foreign language learners.

Most excited adult language learners will at some point seek their teachers' guidance on the process of learning to read in the foreign language rather than seeking out external opinions. However, both teachers and learners lack a general reading technique or strategy. Oftentimes, students undertake the reading task equipped with nothing more than a bilingual dictionary, a grammar book, and lots of courage. These efforts often end in frustration as the student builds mis-constructed nonsensical sentences after many hours spent on an aimless translation drill.

Consequently, we have decided to develop this series of interlinear translations intended to afford a comprehensive edition of unabridged texts. These texts are presented as they were originally written with no changes in word choice or order. As a result, we have a translated piece conveying the true meaning under every word from the original work. Our readers receive then two books in just one volume: the original version and its translation.

The reading task is no longer a laborious exercise of patiently decoding unclear and seemingly complex paragraphs. What's more, reading becomes an enjoyable and meaningful process of cultural, philosophical and linguistic learning. Independent learners can then acquire expressions and vocabulary while understanding pragmatic and socio-cultural dimensions of the target language by reading in it rather than reading about it.

Our proposal, however, does not claim to be a novelty. Interlinear translation is as old as the Spanish tongue, e.g. "glosses of [Saint] Emilianus", interlinear bibles in Old German, and of course James Hamilton's work in the 1800s. About the latter, we remind the readers, that as a revolutionary freethinker he promoted the publication of Greco-Roman classic works and further pieces in diverse languages. His effort, such as ours, sought to lighten the exhausting task of looking words up in large glossaries as an educational practice: "if there is any thing which fills reflecting men with melancholy and regret, it is the waste of mortal time, parental money, and puerile happiness, in the present method of pursuing Latin and Greek[2]".

Additionally, another influential figure in the same line of thought as Hamilton was John Locke. Locke was also the philosopher and translator of the Fabulae AEsopi in an interlinear plan. In 1600, he was already suggesting that interlinear texts, everyday communication, and use of the target language could be the most appropriate ways to achieve language learning:

> ...the true and genuine Way, and that which I would propose, not only as the easiest and best, wherein a Child might, without pains or Chiding, get a Language which others are wont to be whipt for at School six or seven Years together...[3]

---

1 "The journey is long through precepts, but brief and effective through examples". Seneca, Lucius Annaeus. (1961) Ad Lucilium Epistulae Morales, vol. I. London: W. Heinemann.

2 In: Hamilton, James (1829?) History, principles, practice and results of the Hamiltonian system, with answers to the Edinburgh and Westminster reviews; A lecture delivered at Liverpool; and instructions for the use of the books published on the system. Londres: W. Aylott and Co., 8, Pater Noster Row. p. 29.

3 In: Locke, John. (1693) Some thoughts concerning education. Londres: A. and J. Churchill. pp. 196-7.

Who can benefit from this edition?

We identify three kinds of readers, namely, those who take this work as a search tool, those who want to learn a language by reading authentic materials, and those attempting to read writers in their original language. The HypLern collection constitutes a very effective instrument for all of them.

1. For the first target audience, this edition represents a search tool to connect their mother tongue with that of the writer's. Therefore, they have the opportunity to read over an original literary work in an enriching and certain manner.
2. For the second group, reading every word or idiomatic expression in its actual context of use will yield a strong association between the form, the collocation, and the context. This will have a direct impact on long term learning of passive vocabulary, gradually building genuine reading ability in the original language. This book is an ideal companion not only to independent learners but also to those who take lessons with a teacher. At the same time, the continuous feeling of achievement produced during the process of reading original authors both stimulates and empowers the learner to study[1].
3. Finally, the third kind of reader will notice the same benefits as the previous ones. The proximity of a word and its translation in our interlinear texts is a step further from other collections, such as the Loeb Classical Library. Although their works might be considered the most famous in this genre, the presentation of texts on opposite pages hinders the immediate link between words and their semantic equivalence in our native tongue (or one we have a strong mastery of).

---

1 Some further ways of using the present work include:

1. As you progress through the stories, focus less on the lower line (the English translation). Instead, try to read through the upper line, staying in the foreign language as long as possible.
2. Even if you find glosses or explanatory footnotes about the mechanics of the language, you should make your own hypotheses on word formation and syntactical functions in a sentence. Feel confident about inferring your own language rules and test them progressively. You can also take notes concerning those idiomatic expressions or special language usage that calls your attention for later study.
3. As soon as you finish each text, check the reading in the original version (with no interlinear or parallel translation). This will fulfil the main goal of this

collection: bridging the gap between readers and original literary works, training them to read directly and independently.

Why interlinear?

Conventionally speaking, tiresome reading in tricky and exhausting circumstances has been the common definition of learning by texts. This collection offers a friendly reading format where the language is not a stumbling block anymore. Contrastively, our collection presents a language as a vehicle through which readers can attain and understand their authors' written ideas.

While learning to read, most people are urged to use the dictionary and distinguish words from multiple entries. We help readers skip this step by providing the proper translation based on the surrounding context. In so doing, readers have the chance to invest energy and time in understanding the text and learning vocabulary; they read quickly and easily like a skilled horseman cantering through a book.

Thereby we stress the fact that our proposal is not new at all. Others have tried the same before, coming up with evident and substantial outcomes. Certainly, we are not pioneers in designing interlinear texts. Nonetheless, we are nowadays the only, and doubtless, the best, in providing you with interlinear foreign language texts.

Handling instructions

Using this book is very easy. Each text should be read at least three times in order to explore the whole potential of the method. The first phase is devoted to comparing words in the foreign language to those in the mother tongue. This is to say, the upper line is contrasted to the lower line as the following example shows:

Hun	satte	loppen	på	sin	lille	hånd.
She	set	the flea	on	her	little	hand

The second phase of reading focuses on capturing the meaning and sense of the original text. As readers gain practice with the method, they should be able to focus on the target language without getting distracted by the translation. New users of the method, however, may find it helpful to cover the translated lines with a piece of paper as illustrated in the image below. Subsequently, they try to understand the meaning of every word, phrase, and entire sentences in the target language itself, drawing on the translation only when necessary. In this phase, the reader should resist the temptation to look at the translation for every word. In doing so, they will find that they are able to understand a good portion of the text by reading directly in the target language, without the crutch of the translation. This is the skill we are looking to train: the ability to read and understand native materials and enjoy them as native speakers do, that being, directly in the original language.

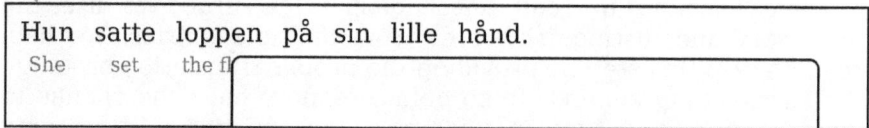

Hun satte loppen på sin lille hånd.
She   set   the f

In the final phase, readers will be able to understand the meaning of the text when reading it without additional help. There may be some less common words and phrases which have not cemented themselves yet in the reader's brain, but the majority of the story should not pose any problems. If desired, the reader can use an SRS or some other memorization method to learning these straggling words.

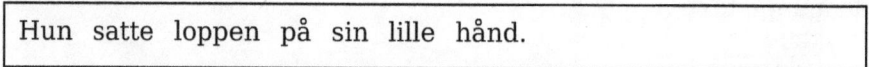

Hun satte loppen på sin lille hånd.

Above all, readers will not have to look every word up in a dictionary to read a text in the foreign language. This otherwise wasted time will be spent concentrating on their principal interest. These new readers will tackle authentic texts while learning their vocabulary and expressions to use in further communicative (written or oral) situations. This book is just one work from an overall series with the same purpose. It really helps those who are afraid of having "poor vocabulary" to feel confident about reading directly in the language. To all of them and to all of you, welcome to the amazing experience of living a foreign language!

Additional tools

Check out shop.hyplern.com or contact us at info@hyplern.com for free mp3s (if available) and free empty (untranslated) versions of the eBooks that we have on offer.

For some of the older eBooks and paperbacks we have Windows, iOS and Android apps available that, next to the interlinear format, allow for a pop-up format, where hovering over a word or clicking on it gives you its meaning. The apps also have any mp3s, if available, and integrated vocabulary practice.

Visit the site hyplern.com for the same functionality online. This is where we will be working non-stop to make all our material available in multiple formats, including audio where available, and vocabulary practice.

Table of Contents

Tepotten
The teapot

Tepotten
The Teapot

Der var en stolt tepotte, stolt af sit porcelæn,
There was a proud teapot proud of its porcelain

stolt af sin lange tud, stolt af sin brede hank; den
proud of its long spout proud of its wide handle it

havde noget forud og bagud, tuden for,
had something in front and back the spout before

hanken bag, og det talte den om; men den talte
the handle back and that spoke he about but it spoke

ikke om sit låg, det var knækket, det var klinket,
not about its lid that was broken it was mended

det havde mangel, og sin mangel taler man ikke
it had flaw and one's flaw talks one not

gerne om, det gør nok de andre. Kopper,
eagerly about that do enough the others Cups
(very much)

fløde- og sukkerskål, den hele teopstilling ville
cream and sugarbowl the whole tea set wanted

nok mere huske på lågets skrøbelighed og tale
surely more reminisce on the lids fragility and talk

om den, end om den gode hank og den
about that than about the good handle and the

udmærkede tud; det vidste tepotten.
remarkable spout that knew the teapot

"Jeg kender dem!" sagde den ind i sig selv, "jeg
I know them said it inside in its self I
itself

kender også nok min mangel og jeg erkender
know also enough my flaw and I acknowledge

den, deri er min ydmyghed, min beskedenhed;
them there in is my humility my modesty

mangler har vi alle, men man har da også
flaws have we all but one has then also

begavelse. Kopperne fik en hank, sukkerskålen et
gifts The cups got a handle the sugar bowl a

låg, jeg fik nu begge dele og én ting forud, den
lid   I   got now both   parts and one thing ahead   that
                                                                (on top)

de aldrig får, jeg fik en tud, den gør mig til
they never get I got a spout it makes me to

dronning på tebordet. Sukkerskålen og flødepotten
queen on the tea table The sugar bowl and cream pot

forundes det at være velsmagens tjenerinder,
are astonished that to be good taste's servers

men jeg er den givende, den rådende, jeg
but I am the giving the rewarding I

udbreder velsignelsen blandt den tørstende
extend the blessing among the thirsting

menneskehed; i mit indre forarbejdes de kinesiske
humanity in my inner are processed the Chinese

blade i det kogende, smagløse vand."
leaves in the boiling tasteless water

Alt dette sagde tepotten i dens frejdige
All this said the teapot in its cool

ungdomstid. Den stod på det dækkede bord, den
youth · · It · stood · on · the · covered · table · it

blev løftet af den fineste hånd; men den fineste
was · lifted · of · the · finest · hand · but · the · finest

hånd var kejtet, tepotten faldt, tuden knak af,
hand · was · clumsy · the teapot · fell · the spout · broke · off

hanken knak af, låget er ikke værd at tale om,
the handle · broke · off · the lid · is · not · worth · to · speak · about

der er talt nok om det. Tepotten lå besvimet
there · is · told · enough · about · it · The teapot · lay · fainted

på gulvet, det kogende vand løb ud af den. Det
on · the floor · the · boiling · water · ran · out · of · it · It

var et svært stød, den fik, og det sværeste var,
was · a · heavy (great) · shock · it · got · and · the · heaviest · was

at de lo, de lo ad den og ikke ad den
that · they · laughed · they · laughed · at · it · and · not · at · the

kejtede hånd.
clumsy · hand

"Den erindring får jeg nu aldrig ud af mig!" sagde
That memory get I now never out of me said

tepotten, når den siden fortalte sig selv sit
the teapot when it later told its self its

levnedsløb. "Jeg blev kaldt invalid, sat hen i en
life's course I became called invalid sat there in a

krog og dagen derpå foræret bort til en kone,
corner and days there on given away to a woman

der tiggede madfedt; jeg kom ned i armoden,
that begged food fat I came down in the poverty

stod målløs, både ud og ind, men der, som jeg
stood speechless both out and in but there as I

stod, begyndte mit bedre liv; man er ét og
stood began my better life one is one (thing) and

bliver et ganske andet. Der blev lagt jord
becomes a totally other (thing) There became laid earth (put)

ind i mig; det er for en tepotte at begraves,
inside in me that is for a teapot to be buried

men i jorden blev lagt et blomsterløg; hvem
but in the earth became laid a flower bulb who
(put)

der lagde det, hvem der gav det, ved jeg ikke,
there laid it who there gave it know I not

givet blev det, en erstatning for de kinesiske
given became it a replacement for the Chinese

blade og det kogende vand, en erstatning for den
leaves and the boiling water a replacement for the

afbrudte hank og tud. Og løget lå i jorden,
broken handle and spout And the bulb lay in the earth

løget lå i mig, det blev mit hjerte, mit levende
the bulb lay in me it became my heart my living

hjerte, et sådant havde jeg før aldrig haft. Der
heart and such had I before never had It

var liv i mig, der var kraft og kræfter; pulsen
was life in me it was power and strengths the pulse

slog, løget skød spire, det var ved at sprænges
beat the bulb shot sprouts it was by to disrupt

af tanker og følelser; de brød ud i blomst; jeg
of thoughts and feelings they widened out in flower I

så den, jeg bar den, jeg glemte mig selv i dens
saw them I carried them I forgot my self in its

dejlighed; velsignet er det at glemme sig selv i
beauty blessed is it to forget one self in

andre! Den sagde mig ikke tak; den tænkte ikke
others It said myself not thanks it thought not

på mig; – den blev beundret og lovprist. Jeg var
on me it became admired and praised I was

så glad derover, hvad måtte den da ikke være
so happy about it what must it then not be

det. En dag hørte jeg, der blev sagt, at den
that One day heard I it became said that it

fortjente en bedre potte. Man slog mig midt
deserved a better pot One beat me middle

over; det gjorde voldsomt ondt; men blomsten
over it did violent pain but the flower
(through)

8

kom   i   en   bedre   potte,   –   og   jeg   blev   kastet   ud
came in   a   better   pot   and I   became thrown out

i   gården,   ligger   der   som   et   gammelt   skår,   –
in the garden   lay   there like an   old   shard

men   jeg   har   erindringen,   den   kan   jeg   ikke   miste."
but   I   have   memories   that   can   I   not   lose

Loppen og professoren
The flea and the professor

Loppen   og   professoren
The flea   and   the professor

Der   var   en   luftskipper,   ham   gik   det   galt,
There   was   an   air skipper   him   went   it   wrong
(balloon pilot)

ballonen   sprak,   manden   dumpede   og   slog   sig   i
the balloon   burst   the man   dumping   and   struck   itself   in
(throwing out)

stykker.   Sin   dreng   havde   han   to   minutter   forud
pieces   His   boy   had   he   two   minutes   before

sendt   ned   med   faldskærm,   det   var   drengens   lykke.
send   down   with   parachute   that   was   the boys   fortune

Han   var   uskadt   og   gik   om   med   store
He   was   unharmed   and   went   about   with   great

kundskaber   til   at   blive   luftskipper,   men   han   havde
knowledge   for   to   become   air pilot   but   he   had

ikke ballon og ikke midler til at skaffe sig
no balloon and no means for to acquire himself

denne.
such

Leve måtte han, og så lagde han sig efter
Live must he and so laid he himself after

behændighedskunster, og at kunne tale med
agility arts and to be able to talk with

maven, det kaldes at være bugtaler. Ung var
the stomach it was called to be belly speaking Young was

han og så godt ud, og da han fik mundskæg
he and saw good out and when he got mouth-beard
looked handsome (a beard)

og kom i gode klæder, kunne han antages for
and came in nice clothes could he be considered for

et grevebarn. Damerne fandt ham smuk, ja en
a count's child The ladies found him handsome yes one

jomfru blev så betaget af hans dejlighed og
young lady became so taken of his beauty and

hans behændighedskunst, at hun fulgte med ham
his agility that she followed along him

til fremmede byer og lande. Der kaldte han sig
to strange towns and lands There called he himself

professor, mindre kunne det ikke være.
professor less could that not be

Hans stadige tanke var at få sig en luftballon
His steady thought was to get himself an air balloon

og gå til vejrs med sin lille kone, men de havde
and go to aloft with his little wife but they had

endnu ikke midlerne.
still no means

"De kommer!" sagde han.
They come said he

"Bare de ville!" sagde hun.
Only they wanted said she

"Vi er jo unge folk! og nu er jeg professor.
We are well young people and now am I professor

Smuler er også brød!"
Crumbs are also bread

Hun hjalp ham troligt, sad ved døren og solgte
She helped him faithfully sat with the door and sold

billetter til forestillingen, og det var en kold
tickets to the presentation and it was a cold

fornøjelse om vinteren. Hun hjalp ham også i et
pleasure about the winter She helped him also in a
(in)

kunststykke. Han puttede sin kone i bordskuffen,
piece of art He put his wife in the table drawer
(magic trick)

en stor bordskuffe. Der krøb hun ind i
a large table drawer There crawled she inside in

bagskuffen, og så var hun ikke at se i
the back drawer and so was she not to see in

forskuffen. Det var som en øjenforblændelse.
the front drawer That was like an eye-blinding
(trick of the eyes)

Men en aften da han trak skuffen ud, var hun
But one evening when he pulled the drawer out was she

13

også borte fra ham. Hun var ikke i forskuffen,
also gone from him She was not in the front drawer

ikke i bagskuffen, ikke i hele huset, ikke at se,
not in the back drawer not in whole the house not to see

ikke at høre. Det var hendes behændighedskunst.
not to hear It was his trickery

Hun kom aldrig igen. Hun var ked af det, og han
She came never again She was bored of it and he

blev ked i det, tabte sit gode humør, kunne
became bored in it lost his good mood could

ikke mere le og gøre løjer, og så kom der
not (any)more laugh and make jokes and so came there

ingen folk. Fortjenesten blev dårlig, klæderne
no people The income became bad the clothes

blev dårlige. Han ejede til sidst kun en stor
became bad He owed til last only a large

loppe, et arvegods efter konen, og derfor
flea an inheritance after the wife and therefore
(from)

holdt han så meget af den. Så dresserede han den,
held he so much of it So trained he it
loved he it so much

lærte den behændighedskunster, lærte den at
taught it trickery learned it to

præsentere gevær og skyde en kanon af, men
present rifle and shoot a cannon off but

lille.
(a) little (one)

Professoren var stolt af loppen, og den var stolt
The professor was proud of the flea and it was proud

af sig selv. Den havde lært noget og havde
of itself self It had learned something and had
itself

menneskeblod og været i de største byer, var
human blood and been in the largest towns was

blevet set af prinser og prinsesser, havde vundet
become seen of princes and princesses had found

deres høje bifald. Det stod trykt i aviser og
their high applause There stood printed in newspapers and

på plakater. Den vidste, at den var en berømthed
on posters It knew that it was a famous person

og kunne ernære en professor, ja en hel familie.
and could feed a professor yes a whole family

Stolt var den og berømt var den, og dog, når
Proud was it and famous was it and however when

den og professoren rejste, tog de på jernbane
it and the professor travelled took they on irontrack
(the train)

fjerde plads. Den kommer lige så hurtig som
fourth place That comes just as fast as
(class) (arrives)

første. Det var et stiltiende løfte, at de aldrig
first It was a tacit promise that they never

ville skilles ad, aldrig gifte sig, loppen ville
would separate at never marry themselves the flee wanted

forblive ungkarl og professoren enkemand. Det går
to remain single and the professor widower That goes

lige op.
like up
in parallel

"Hvor man gør størst lykke," sagde professoren,
How one makes biggest fortune said the professor

"der skal man ikke komme to gange!" Han var en
there shall one not come two times He was a

menneskekender og det er også en kundskab.
human connaisseur and that is also a skill

Til sidst havde han berejst alle lande, uden de
To last had he travelled all lands apart from the
At last

vildes land. Og så ville han til de vildes land.
wild land And so wanted he to the wild land

Der æder de rigtignok kristne mennesker, vidste
There eat they actually christian persons knew

professoren, men han var ikke rigtig kristen og
the professor but he was not truly christian and

loppen var ikke rigtig menneske, så mente han, at
the flea was not truly person so meant he that

de nok turde rejse der og have en god
they still dared travel there and have a good

fortjeneste.
earning

De rejste med dampskib og med sejlskib.
They travelled with steamship and with sailing ship

Loppen gjorde sine kunster, og så havde de fri
The flea did his tricks and so had they free

rejse undervejs og kom til de vildes land.
travel on the road and came to the wild land

Her regerede en lille prinsesse, hun var kun otte
Here ruled a little princess she was only eight

år, men hun regerede. Hun havde taget
year(s old) but she ruled She had taken

magten fra fader og moder, for hun havde en
the power from father and mother for she had a

vilje og var så mageløs yndig og uartig.
will and was so magnificently lovely and naughty

Straks, da loppen præsenterede gevær og skød
Immediately when the flea presented rifle and shot

kanonen af, blev hun så indtagen i loppen, at
the cannon off became she so taken in in the flea that
(by)

hun sagde: "Ham eller ingen!" Hun blev ganske
she said Him or no one She remained all

vild af kærlighed og var jo allerede vild
wild of love and was well already wild

i forvejen.
in the before way
before that

"Søde, lille, fornuftige barn!" sagde hendes fader,
Sweet little sensible child said her father

"kunne man først gøre et menneske af den!"
can one first make a person of it

"Det lader du mig om, gamle!" sagde hun, og det
That let you me about old one said she and that
Leave that to me

var ikke net sagt af en lille prinsesse, der taler
was not nicely said of a little princess who talks

til sin fader, men hun var vild.
to her father but she was wild

Hun satte loppen på sin lille hånd.
She   set   the flea   on   her   little   hand

"Nu er du et menneske, regerende med mig, men
Now are you a   person   ruling   with   me   but

du skal gøre hvad jeg vil, ellers slår jeg dig
you shall do   what   I   want   or   strike   I   you

ihjel og spiser professoren."
to death and   eat   the professor

Professoren fik en stor sal at bo i. Væggene var
The professor got a large room to live in The walls were

af sukkerrør, dem kunne han gå og slikke, men
from sugarcane them could he go and lick but

han var ikke slikmund. Han fik en hængekøje at
he was not lickmouth He got a hammock to
             (a sweet tooth)

sove i, det var, som lå han i en luftballon, den
sleep in it was as if lay he in an air balloon which

han altid havde ønsket sig, og som var hans
he always had wished himself and which was his

stadige tanke.
steady thought

Loppen blev hos prinsessen, sad på hendes lille
The flea remained with the princess sat on her little

hånd og på hendes fine hals. Hun havde taget et
hand and on her fine neck She had taken a

hår af sit hoved, det måtte professoren binde
hair from her head that must the professor bind

loppen om benet, og så holdt hun den bunden
the flea around the leg and so held she the bottom

til det store koralstykke, hun havde i øreflippen.
to the large coral piece she had in the earlobe

Hvor var det en dejlig tid for prinsessen, også
How was that a beautiful time for the princess also

for loppen, tænkte hun, men professoren fandt
for the flea thought she but the professor found

sig ikke tilfreds, han var rejsemand, holdt af at
himself not satisfied he was travelling man held of to
                              liked travelling   loved

drage fra by til by, læse i aviserne om
draw from town to town read in the newspapers about
(travel)

sin udholdenhed og kløgt i at lære en loppe al
his stamina and cleverness in to teach a flea all

menneskelig gerning. Dag ud og ind lå han i
human deeds Day out and in lay he in

hængekøjen, dovnede og fik sin gode føde:
the hammock lounged about and got his good food

friske fugleæg, elefantøjne og stegte giraflår.
fresh bird eggs elephant eyes and fried giraffe thighs

Menneskeæderne lever ikke kun af menneskekød,
The human eater's live not only from human meat
(The cannibals)

det er en delikatesse. "Barneskulder med
it is (more of) a delicacy Child's shoulder with

skarp sovs," sagde prinsessemoderen, "er det mest
sharp sauce said the princess' mothr are the most

delikate."
delicious

Professoren kedede sig og ville gerne bort
The professor bored himself and wanted eagerly away
(very much)

fra de vildes land, men loppen måtte han have
from the wild land but the flea must he have

med, den var hans vidunder og levebrød.
along that was his marvel and life's bread
(livelihood)

Hvorledes skulle han fange og få den. Det var
How should he catch and get it That was

ikke så let.
not so easy

Han anspændte alle sine tænkeevner og så sagde
He tensed all his thinking abilities and so said
(concentrated)

han: "Nu har jeg det!"
he Now have I it

"Prinsessefader: Forund mig noget at bestille! Må
Princess father Grant me something to order May

jeg indøve landets beboere i at præsentere, det
I inspire the country's residents in to present what

23

er det man i verdens største lande kalder
is it one in the world's biggest countries call

dannelse!"
culture

"Og hvad kan du lære mig!" spurgte
And what can you teach me asked

prinsessefaderen.
the princess' father

"Min største kunst," sagde professoren, "at fyre en
My greatest art said the professor to fire a

kanon af så hele jorden bæver, og alle himlens
cannon off so whole the earth shakes and all heaven's
() the whole earth

lækreste fugle falder stegte ned!
tastiest birds fall fried down
fall down fried and all

Det er der knald ved!"
That is there banged with
It goes off with a bang

"Kom med kanonen!" sagde prinsessefaderen.
Come with the cannon said the princess' father

Men i hele landet var der ingen kanon, uden
But in whole the land was there no cannon apart from

den loppen havde bragt, og den var for lille.
the one the flea had brought and that was too small

"Jeg støber en større!" sagde professoren. "Giv
I cast a bigger (one) said the professor Give

mig bare midlerne! Jeg må have fint silketøj, nål
me only the means I may have fine silk cloth needle

og tråd, tov og snor, samt mavedråber for
and thread rope and string as well as tummy drops for

luftballoner, de blæser op, letter og løfter. De
air balloons they blow up support and lift They

giver knaldet i kanonmaven."
give the bang in the cannon's belly

Alt hvad han forlangte fik han.
All what he desired got he

Hele landet kom sammen for at se den store
Whole the country came together for to see the large
The whole country

kanon. Professoren kaldte ikke, før han havde
cannon The professor called not before he had

ballonen hel færdig til at fylde og gå op.
the balloon all ready for to fill and go up

Loppen sad på prinsessens hånd og så til.
The flea sat on the princess' hand and saw to
                                                looked at it

Ballonen blev fyldt, den bovnede og kunne
The balloon became filled it bowed and could
         (was)

næppe holdes, så vild var den.
hardly be kept so wild was it

"Jeg må have den til vejrs, at den kan blive
I may have it to aloft so it can become
                    (release it)

afkølet," sagde professoren og satte sig i
cooled off said the professor and set himself in

kurven, der hang under den. "Ene kan jeg ikke
the basket which hung under it Only can I not

magte at styre den. Jeg må have en kyndig
manage to steer it I must have a skillful

kammerat med, for at hjælpe mig. Her er ingen
comrade along for to help me Here is no one

der kan det uden loppen!"
that can that apart from the flea

"Jeg tillader det nødig!" sagde prinsessen, men
I allow it reluctantly said the princess but

rakte dog loppen til professoren, som satte
reached however the flea to the professor who put
(gave over)

den på sin hånd.
it on his hand

"Slip snore og tov!" sagde han. "Nu går
Let go of strings and rope said he Now goes

ballonen!"
the balloon

De troede han sagde: "kanonen!"
They believed he said the cannon

Og så gik ballonen højere og højere, op over
And so went the balloon higher and higher up over

skyerne, bort fra de vildes land.
the clouds away from the wild land

Den lille prinsesse, hendes fader og moder, hele
The little princess her father and mother whole

folket med stod og ventede. De venter endnu,
the people along stood and waited They wait still

og tror du det ikke, så rejs til de vildes land,
and believe you that not so travel to the wild land

der taler hvert barn om loppen og professoren,
there talks every child about the flea and the professor

tror at de kommer igen, når kanonen er
believes that they come again when the cannon is

kølet af, men de kommer ikke, de er hjemme
cooled off but they come not they are at home

hos os, de er i deres fædreland, kører på
with us they are in their father's land drive on

jernbane, første plads, ikke fjerde. De har god
iron tracks first place not fourth They have good
(the railway) (class)

fortjeneste, stor ballon. Ingen spørger, hvorledes
earnings large balloon No one asks how

de har fået ballonen eller hvorfra de har den,
they have gotten the balloon or from where they have it

de er holdne folk, hædrede folk, loppen og
they are well to do people dignified people the flea and

professoren.
the professor

Oldefar
Grandfather

Oldefar
Ancient father
(Great-grandfather)

Oldefar	var	så	velsignet,	klog	og	god,	vi	så
Great-grandfather	was	so	lovable	smart	and	good	we	saw

alle	op	til	oldefar;	han	kaldtes	egentlig,	så
all	up	to	great-grandfather	he	was called	actually	so

langt	jeg	kunne	huske	tilbage,	farfar,	også
long	I	can	remember	back	father's father	also
					(grandfather)	

morfar,	men	da	min	broder
grandfather (from mother's side)	but	when	my	brother

Frederiks	lille	søn	kom	i	familien,	avancerede	han
Frederik's	little	sun	came	in	the family	advanced	he

til	oldefar;	højere	op	kunne	han	ikke	opleve!
to	great-grandfather	higher	up	could	he	not	live up
							(go)

Han holdt så meget af os alle sammen, men vor
He held so much of us all together but our
He loved us so much

tid syntes han ikke at holde rigtig af: "Gammel
time seemed he not to hold really of Old
to really love

tid var god tid!" sagde han; "sindig og solid var
times were good times said he quiet and solid was

den! nu er der sådan en galop og venden op og
it now is there such a gallop and the turn up and

ned på alt. Ungdommen fører ordet, taler om
down on all The youth leads the word talks about

kongerne selv, som om de var dens
the kings themselves as if they were their

ligemænd. Enhver fra gaden kan dyppe sin klud
equals Any from the street can dip his rag

i råddent vand og vride den af på hovedet af en
in rotten water and wring it off on the head of a
(dirty)

hædersmand!"
gentleman

Ved sådan tale blev oldefar ganske rød
By such (a) speech became great-grandfather all red

i ansigtet; men lidt efter kom igen hans venlige
in the face but little after came again his friendly

smil og da de ord: "Nå, ja! måske tager jeg
smile and then the words Well yes maybe take I

noget fejl! jeg står i gammel tid og kan ikke
something wrong I stand in old times and can not

få ret fodfæste i den nye, Vorherre lede og føre
get right foothold in the new Our Lord lead and guide

den!"
it

Når oldefar talte om gammel tid, var det
When great-grandfather spoke about old times was it

ligesom om den kom tilbage til mig. I tankerne
like if they came back to me In the thoughts

kørte jeg da i guldkaret med hejdukker, så
drove I then in the golden carriage with lackeys saw

lavene flytte skilt i optog med musik og faner,
the guilds move signs in parades with music and flags

var med i de morsomme julestuer med
was with in the merry Christmas rooms with

panteleg og udklædning. Der var jo
(the game of) forfeit and fancy dress There was well

rigtignok også i den tid meget fælt og grueligt,
truly also in that time much ugly and awfulness

stejler, hjul og blodsudgydelse, men alt det
steel wheel and bloodshed but all that
(the rack)

gruelige havde noget lokkende og vækkende. Jeg
awfullness had something alluring and rising I

fornam om de danske adelsmænd, der gav
learned about the Danish nobility that gave

bonden fri, og Danmarks kronprins, der
the farmer free and Denmark royal prince who
(his freedom)

ophævede slavehandelen.
repealed slavery

Det var yndigt at høre oldefar fortælle
It was adorable to hear great-grandfather tell

derom, høre fra hans ungdomsdage; dog
about that hear from his days of youth however

tiden foran den var dog den allerdejligste, så
the time before that were still the most beautiful so
(even)

kraftig og stor.
powerful and big

"Rå var den!" sagde broder Frederik, "Gud ske
Raw were they said brother Frederik God be

lov at vi er ud over den!" og det sagde han
thanks that we are out over them and that said he

rent ud til oldefar. Det skikkede sig ikke,
clean out to great-grandfather That suited itself not
was improper

og dog havde jeg megen respekt for Frederik;
and however had I much respect for Frederik

han var min ældste broder, han kunne være min
he was my oldest brother he could be my

fader, sagde han; han sagde nu så meget løjerligt.
father said he he said now so much weirdness

Student var han med bedste karakter og så flink
Student was he with best character and so clever

på faders kontor, at han kunne snart gå
on father's office that he could soon go

med ind i forretningerne. Han var den,
with inside in the affairs He was it
join

oldefar mest indlod sig med, men de
(that) great-grandfather most in let himself with but they
conversed

kom altid op at disputere. De to forstod ikke
came always up to discuss They two understood not

hinanden og ville aldrig komme til det, sagde
eachother and wanted never to come to that said

hele familien, men i hvor lille jeg end var,
whole the family but in how little I then was
the whole family (young)

mærkede jeg dog snart, at de to ikke kunne
noticed I however fast that the two not could

35

undbeing.

undvære hinanden.
be without   eachother

Oldefar   hørte til med lysende øjne når
Great-grandfather   heard to   with bright   eyes when

Frederik fortalte eller læste op om   fremskridt i
Frederik told   or   read   up about progress   in

videnskaben, om   opdagelser af naturens kræfter,
the science   about discoveries of natures   powers
                                                 (laws)

om   alt det mærkelige i   vor tid.
about all the noteworthy in our times

"Menneskene bliver klogere, men ikke bedre!"
People   become smarter   but not   better

sagde da   oldefar.   "De   opfinder de
said   then great-grandfather They   invent   the

forfærdeligste ødelæggelsesvåben   mod   hverandre!"
most horrible   weapons of destruction against eachother

"Des hurtigere er krigen   forbi!" sagde Frederik,
The   sooner   is the war over   said   Frederik

"man venter ikke syv år på fredens velsignelse!
one waits not seven years on peace's blessing

Verden er fuldblodig, den må imellem have en
The world is full of blood that must in between have a

åreladning, det er fornødent!"
vein-letting that is necessary
(bloodletting)

En dag fortalte Frederik ham noget virkeligt
One day told Frederik him something (that) really

oplevet i vor tid i en lille stat. Borgmesterens
happened in our time in a little country The mayor's

ur, det store ur på rådhuset, angav tiden
clock the large clock on the council house indicated the time
(city hall)

for byen og dens befolkning; uret gik ikke
for the town and its citizens the clock went not

ganske rigtigt, men hele byen rettede sig
totally right but whole the town managed themselves

dog derefter. Nu kom også der i landet
however there after Now came also there in the land
(with it)

jernbaner, og de står i forbindelse med alle
the iron tracks and they stand in connection with all
(the railway)

andre landes, man må derfor vide tiden nøjagtig,
other lands one may therefore know the time exactly

ellers løber man på. Jernbanen fik sit solrettede
or runs one on The iron track got its solar corrected
(off) (The railway)

ur, det gik rigtigt, men ikke borgmesterens, og
clock it went correct but not the mayor's and

nu rettede alle byens folk sig efter
now righted all the town's people themselves after

jernbaneuret.
the railway clock

Jeg lo og fandt at det var en morsom
I laughed and found that it was a funny

historie, men oldefar lo ikke, han blev
story but great-grandfather laughed not he became

ganske alvorlig.
all serious

"Der ligger en hel del i hvad du der fortæller!"
There lies a whole part in what you there tell
(idea)

sagde han, "og jeg forstår også din tanke ved
said he and I understand also your thought with

at du fortæller mig det. Der er lærdom i dit
that you tell me that There is learning in your

urværk. Jeg kommer fra det til at tænke på et
clockwork I come from that for to think on one

andet, mine forældres gamle, simple, bornholmske
other my parents old simple Bornholm

ur med blylodder; det var deres og min
clock with lead weights it was their and my

barndoms tidsmåler; det gik vel ikke så ganske
youth's time's measure it went well not so totally
(very)

nøjagtigt, men det gik, og vi så til viseren,
precise but it went and we looked to the indicator
(the needles)

den troede vi på og tænkte ikke på hjulene
that trusted we on and thought not about the wheels

indeni. Sådan var også dengang statsmaskinen, man
inside   Such   war   also   that time   the state's machine   one

så trygt på den, og troede på viseren. Nu er
saw trustfully on it and believed on the indicator Now is
(in) (the leader)

statsmaskinen blevet et ur af glas, hvor man
the state's machine become a clock of glass where one

kan se lige ind i maskineriet, se hjulene
can see like inside in the machine works see the wheels

dreje og snurre, man bliver ganske angst for den
turn and buzz one becomes quite afraid for the

tap, for det hjul! hvorledes skal det gå med
spring for the wheel how shall that go with

klokkeslættet, tænker jeg, og har ikke længere min
clock strike think I and have no longer my

barnetro. Det er nutids skrøbelighed!"
child's trust That is now-times fragility
(weakness)

Og så talte oldefar sig ganske vred. Han
And so talked great-grandfather himself all angry He

og Frederik kunne ikke komme ud af det sammen,
and Frederik could not come out of that together

men skilles kunne de heller ikke, "ligesom den
but separate could the either not like the

gamle og den nye tid"! - det fornam de begge
old and the new time that felt they both

to og hele familien, da Frederik skulle på
two and whole the family when Frederik should on

rejse, langt bort, til Amerika. Det var
(a) journey long away to America THat was

i husets anliggende rejsen måtte gøres. Det
in the house affair (that) the trip must be made It
for the company

var en tung skilsmisse for oldefar, og rejsen
was a heavy separation for great-grandfather and the trip

var så lang, helt over verdenshavet, til en anden
was so long all over the world's sea to an other

del af jordkloden.
part of the earth globe
(the globe)

"Hver fjortende dag vil du have brev fra mig!"
Each fourteenth day shall you have (a) letter from me

sagde Frederik, "og hurtigere end alle breve, vil
said Frederik and faster than all letters shall

du gennem telegraftråden kunne høre fra mig;
you through the telegraph thread can hear from my

dagene blive timer, timerne minutter!"
the days become hours the hours minutes

Gennem telegraftråden kom hilsen da
Through the telegraph thread came the greeting when

Frederik i England gik ombord. Tidligere end et
Frederik in England went boarded Earlier than a

brev, selv om de flyvende skyer havde været
letter self about the flying clouds had been

postbud, kom hilsen fra Amerika, hvor Frederik
postman came the greeting from America where Frederik

var steget i land; det var kun nogle timer siden.
was risen in land that was only few hours since
disembarked

"Det er dog en Guds tanke, der er forundt vor
That is however a God's thought that is wondrous our

tid!" sagde oldefar; "en velsignelse for
time said great-grandfather a blessing for

menneskeheden!"
mankind

"Og i vort land blev de naturkræfter først
And in our land became the laws of nature first

forstået og udtalt, har Frederik sagt mig."
understood and outspoken has Frederik said to me
(stated)

"Ja," sagde oldefar og kyssede mig. "Ja, og
Yes said great-grandfather and kissed me Yes and

jeg har set ind i de to milde øjne, som først
I have seen inside in the two mild eyes that first

så og forstod denne naturkraft; det var
saw and understood that power of nature that were

barneøjne som dine! og jeg har trykket hans
child eyes like yours and I have pressed his

hånd!" Og så kyssede han mig igen.
hand And so kissed he me again

Mere end en måned var gået, da der i et brev
More than a month was gone when there in a letter

fra Frederik kom efterretning om, at han var
from Frederik came after-account about that he was
(notice)

blevet forlovet med en ung, yndig pige, som
remained engaged with a young lovely girl who

bestemt hele familien ville være glad ved. Hendes
surely whole the family would be happy with Her

fotografi sendtes og blev beset med bare øjne
photograph was send and became beset with only eyes

og med forstørrelsesglas, for det er det rare
and with magnifying glass for that is the weird (thing)

ved de billeder, at de kan tåle at ses efter i
with the pictures that they can withstand to see after in

de allerskarpeste glas, ja at da kommer
the most sharp glass yes that then come
(most clear)

ligheden endnu mere frem. Det har ingen maler
appearance even more forth That has no painter

formået, selv de allerstørste i de gamle tider.
been able to do even the greatest in the old times

"Havde man dog dengang kendt den opfindelse!"
Had - one however that time known that invention

sagde oldefar, "da havde vi kunnet se
said great-grandfather then had we been able to see

ansigt til ansigt verdens velgørere og stormænd! -
face to face the world's well-doers and great-men

Hvor dog pigebarnet her ser mild og god ud!"
How though the girl child here sees mild and good out
                                        looks nice and good

sagde han og stirrede gennem glasset. "Jeg kender
said he and stared through the glass I recognize

hende nu, når hun træder ind ad døren!"
her now when she steps inside to the door

Men nær var det aldrig sket; lykkeligvis hørte
But almost was that never happened fortunately heard

vi   hjemme   ikke   ret   om   faren,   før   den   var
we   at home   not   right   about   the danger   before   it   was

forbi.
over

De   unge   nygifte   nåede   i   glæde   og   velbefindende
The   young   newlyweds   reached   in   joy   and   well-being

England,   derfra   ville   de   med   dampskib   gå   til
England   there from   wanted   they   with   steamship   go   to

København.   De   så   den   danske   kyst,   Vestjyllands
Copenhagen   They   saw   the   Danish   coast   Vest-jutlands

hvide   sandklitter;   da   rejste   sig   en   storm,   skibet
white   sand cliffs   then   rose   itself   a   storm   the ship

stødte   mod   en   af   revlerne   og   sad   fast;   søen   gik
struck   agains   one   of   the reefs   and   sat   fast   the sea   went

højt   og   ville   bryde   fartøjet;   ingen   redningsbåd
high   and   wanted   to break   the vessel   no   rescue boat

kunne   virke;   natten   fulgte,   men   midt   i
could   work   the night   followed   but   middle   in
  (in the middle)

mulmet fór fra kysten en lysende raket hen over
the mud bore from the coast a shining rocket to over

det grundstødte skib; raketten kastede sit tov hen
the ground-stuck ship the rocket threw its rope to
(grounded)

over det, forbindelsen var lagt mellem dem derude
over it the connection was laid between them out there

og dem på land, og snart droges, gennem tunge,
and them on land and soon pulled through thick

rullende søer, i redningskurven en ung, smuk
rolling sees in the rescue basket a young beautiful

kvinde, lyslevende; og uendelig glad og lykkelig
woman shine-living and unendingly happy and fortunate
(very much alive)

var hun, da den unge husbond snart stod hos
was she when the young husband soon stood with

hende på landjorden. Alle ombord blev frelst; det
her on the land earth All aboard were saved it
(land)

var endnu ikke lys morgen.
was still not light morning
morning light

Vi lå i vor søde søvn i København, tænkte
We lay in our sweet sleep in Copenhagen thought

hverken på sorg eller fare. Da vi nu samledes
neither on worry or danger When we now gathered

om bordet til morgenkaffe, kom et rygte,
around the table to the morning coffee came a rumor

bragt ved et telegram, om et engelsk dampskibs
brought by a telegram about an English steamship

undergang på Vestkysten. Vi fik stor hjerteangst,
going down on the West coast We got great heart's feat

men i samme time kom telegram fra de frelste,
but in (that) same hour came (a) telegram from the rescued

kære hjemkomne, Frederik og hans unge hustru,
dear homecoming Frederik and his young wife

der snart ville være hos os.
who soon would be with us

De græd alle sammen; jeg græd med, og
They cried all together I cried along and

48

oldefar græd, foldede sine hænder, og - jeg
great-grandfather cried folded his hands and I

er vis derpå - velsignede den nye tid.
am sure there on blessed the new times
(of it)

Den dag gav oldefar to hundrede rigsdaler
That day gave great-grandfather two hundred reichsthaler
(golden coins)

til monumentet for Hans Christian Ørsted.
to the monument for Hans Christian Orsted

Da Frederik kom hjem med sin unge kone og
When Frederik came home with his young wife and

hørte det, sagde han: "Det var ret, oldefar!
heard it said he That was right great-grandfather

nu skal jeg også læse for dig hvad Ørsted allerede
now shall I also read for you what Orsted already

for mange år tilbage skrev om gammel tid og
for many years back wrote about (the) old time and

vor tid!"
our time

49

"Han var vel af din mening?" sagde oldefar.
He was well of your opinion said great-grandfather

"Ja, det kan du nok vide!" sagde Frederik, "og du
Yes that can you enough see said Frederik and you

er med, du har givet til monumentet for ham!"
are along you have given to the monument for him

Den gamle gadelygte
The old streetlamp

Den gamle gadelygte
The   old   streetlamp

Har du hørt historien om den gamle gadelygte?
Have you heard the story about the old streetlamp

Den er slet ikke så overordentlig morsom, men
It   was at all not so   overly   funny   but

man kan altid høre den én gang. Det var sådan
one can always hear   it one time That was such

en skikkelig gammel gadelygte, som i mange,
a   really   old   streetlamp which in many

mange år havde gjort tjeneste, men nu skulle
many years had   done   service   but now should

kasseres. Det var den sidste aften, den sad på
be discarded It was the   last evening   it sat on

pælen og lyste der i gaden, og den var til
the pole and shone there in the street and it was to

mode ligesom en gammel balletfigurantinde, som
fashion like an old ballet figurine who

danser den sidste aften og ved at i morgen
dances the last evening and knows that in morning
                                                  tomorrow

skal hun på loftet. Lygten havde sådan en skræk
shall she on the ceiling The lamp had such a scare

for den dag i morgen, thi da vidste den, at
for the day in morning there then knew it that
                 tomorrow

den skulle på rådstuen for første gang og
it should on the council room for first time and

synes af stadens "seksogtredve mænd," om den var
checked of the city's sixandtwenty men if it was
        (by)

brugelig eller ikke brugelig. Da ville det blive
useful or not useful Then would it become

bestemt om den skulle sendes ud på en af
decided if it should be send out on one of

broerne og lyse der, eller på landet i en fabrik,
the bridges and shine there or on the land in a factory

måske gik den lige til en jernstøber og blev
maybe went it straight to a iron furnace and became

smeltet om, da kunne den jo rigtignok blive til
molten about then could it well indeed become to
()

alting, men det pinte den, at den ikke vidste
everything but it pinched it that it not knew

om den da beholdt erindringen om, at den
if it then kept the memory about that it

havde været gadelygte. - Hvorledes det gik eller
had been streetlamp How it went or

ikke, den ville blive skilt fra vægteren og
not it would be separated from the watchman and

hans kone, hvem den betragtede ganske som sin
his wife whom it considered totally as his

familie. Den blev lygte da han blev vægter.
family It became lamp when he became watchman

Konen var den gang fin på det, kun om aftnen
The wife was that time fine on it only about the evening
(in)

når hun gik forbi lygten så hun til den, men
when she went past the lamp looked she at it but

aldrig om dagen. Nu derimod, i de sidste
never about the day Now there-in-against in the last
(in) (however)

år, da de alle tre var blevet gamle,
years when they all three were become old
(had)

vægteren, konen og lygten, havde konen også
the watchman the wife and the lamp had the wife also

plejet den, pudset lampen af og skænket tran i
cared for it brushed the lamp of and poured oil in

den. Ærlige folk var det ægtepar, de havde ikke
it Honest folk were the couple they had not

bedraget lygten for en dråbe. Det var den sidste
deceived the lamp for a drop It was the last

aften i gaden og i morgen skulle den på
evening in the street and in morning should it by
tomorrow

rådstuen, det var to mørke tanker for lygten,
the council room that were two dark thoughts for the lamp

og så kan man nok vide hvorledes den brændte.
and so can one enough see how it burned

Men der gik også andre tanker igennem den;
But there went also other thoughts through it

der var så meget, den havde set, så meget, den
there were so much it had seen so much it

havde lyst til, måske lige så meget som "de
had shone at maybe just so much as the

seksogtredve mænd," men det sagde den ikke, for
six-and-twenty men but that said it not for

det var en skikkelig gammel lygte, den ville ingen
it was a nice old lamp it wanted no one

fornærme, allermindst sin øvrighed. Den huskede
offend least of all its authority It remembered

så meget, og imellem blussede flammen op inde
so much and in between flared the flame up inside
(meanwhile)

55

i den, det var som havde den en følelse af: "Ja,
in it   it   was as   had   it   a feeling of Yes

man husker også mig! der var nu den smukke
one remembers also me there was now the handsome

unge mand, - ja, det er mange år siden! han
young man   yes that is many years since he
                                          (ago)

kom med et brev, det var på rosenrødt papir, så
came with a letter it was on rose red paper so

fint, så fint og med guldkant, det var så nydeligt
fine so fine and with golden edges it was so neatly

skrevet, det var en damehånd; han læste det to
written it was a lady's hand he read it two

gange og han kyssede det og han så op til
times and he kissed it and he looked up to

mig med sine to øjne, de sagde 'jeg er det
me with his two eyes they said I am the

lykkeligste menneske!' - ja kun han og jeg vidste
happiest person   yes only he and I knew

hvad der stod i det første brev fra kæresten. -
what there stood in the first letter from the lover

Jeg husker også to andre øjne, det er underligt
I remember also two other eyes it is wondrous

hvor man kan springe med tankerne! her i
how one can jump with thoughts here in

gaden var en prægtig begravelse, den unge
the street was a beautiful burial the young

smukke frue lå i ligkisten på den fløjlsligvogn,
pretty woman lay in the coffin on the velvet wagon

der var så mange blomster og kranse, der lyste
there were so many flowers and wreaths there shone

så mange fakler, at jeg blev rent borte ved det;
so many torches that I became clean gone by it
                                    hidden

hele fortovet var fuldt med mennesker, de
whole the sidewalk was full with people they

fulgte alle med ligtoget, men da faklerne var
followed all with lightness but when the torches were

af	syne	og	jeg	så	mig	omkring,	stod	her
off (out of)	sight	and	I	saw	myself	around	stood	here

endnu	en	ved	pælen	og	græd,	jeg	glemmer	aldrig
still	one	by	the pole	and	cried	I	forget	never

de	to	sorgens	øjne,	der	så	ind	i	mig!"	-	Sådan
the	two	sorrow's	eyes	that	saw	inside	in	me		Such

gik	der	mange	tanker	gennem	den	gamle
went	the	many	thoughts	through	the	old

gadelygte,	som	i	aften	lyste	for	sidste	gang.
streetlamp	which	in	the evening	shone	for	(the) last	time

Skildvagten,	som	løses	af,	ved	dog	sin
The shield guard (The sentry)	who	is solved off who is relieved		knows	however	his

efterfølger,	og	kan	sige	ham	et	par	ord,	men
successor	and	can	say	him	a	few	words	but

lygten	vidste	ikke	sin	og	den	kunne
the lamp	knew	not	his (successor)	and	it	could

dog	givet	ham	et	og	andet	vink,	om	regn	og
however	give	him	one	and	other	tip	about	rain	and

rusk, om hvorvidt måneskinnet gik på fortovet
squalls about where the moonshine went on the sidewalk

og fra hvad kant vinden blæste.
and from what side the wind blew

På rendestensbrættet stod tre, som havde
On the gutter's board stood three which had

fremstillet sig for lygten, idet de troede
recommended themselves for the lamp in that they believed
(to)

at det var den, som gav embedet bort; den ene
that that was the one who gave the office away the one

af disse var et sildehoved, for det lyser i mørke,
of these was a herring-head for it shone in darkness

og det mente at det kunne jo være en sand
and it meant that that could well be a true

tranbesparelse, om det kom på lygtepælen. Den
oil-savings if it came on the lamp post The

anden var et stykke trøske, der også
other was a piece (of) rotten wood which also

skinner, og altid mere end en klipfisk, det sagde
shone and always more than a stockfish that said

den selv, desuden var den det sidste stykke af
it self apart from that was it the last piece of

et træ, som engang havde været en pragt for
a tree that one time had been a beauty for

skoven. Den tredje var en sankthansorm; hvor den
the forest The third was a glow worm where it

var kommet fra, begreb lygten ikke, men
was come from understood the lamp not but

ormen var der og lyste gjorde den også, men
the worm was there and shine did it also but

trøsken og sildehovedet gav ed på, at
the piece of wood and the herring head gave oath on (it) that

det var kun til visse tider, den lyste, og at den
it was only to certain times (that) it shone and that it

derfor aldrig kunne tages i
therefore never could be taken in

betragtning.
consideration (for the position of streetlamp)

Den	gamle	lygte	sagde	at	ingen	af	dem	lyste
The	old	lamp	said	that	none	of	them	shone

nok	til	at	være	gadelygte,	men	det	troede	nu
enough	for	to	be	streetlamp	but	that	believed	now

ingen	af	dem,	og	da	de	hørte	at	lygten	selv
none	of	them	and	when	they	heard	that	the lamp	self

ikke	gav	embedet	bort,	sagde	de,	at	det	var
not	gave	the office	away	said	they	that	it	was

meget	glædeligt,	thi	den	var	da	også	alt	for
very	fortunate	then	they	were	then	also	all	too

affældig	til	at	den	kunne	vælge.
decrepit	for	to	that	be able	to choose
			(a successor)		

I	det	samme	kom	vinden	fra	gadehjørnet,	den
In	that	same	came	the wind	from	the street corner	it

susede	gennem	røghætten	på	den	gamle	lygte,	og
rushed	through	the smoke cap	on	the	old	lamp	and

sagde til den: "Hvad er det for noget, jeg
said to it What is that for something (that) I

hører, vil du bort i morgen? Er det den sidste
hear shall you away in morning Is this the last
tomorrow

aften jeg skal træffe dig her? Ja så skal du have
evening I shall meet you here Yes so shall you have

en present! nu lufter jeg op i din hjernekasse, så
a present now blow I up in your braincase so

at du klart og tydeligt ikke alene skal kunne
that you clear and clearly not only shall be able

huske hvad du har hørt og set, men når der
to remember what you have heard and seen but when it

fortælles eller læses noget i din nærværelse,
is told or read something in your presence

skal du være så klarhovedet, at du også ser det!"
shall you be so clearheaded that you also see that

"Ja det er grumme meget!" sagde den gamle
Yes that is very much said the old

gadelygte, "mange tak! bliver jeg bare ikke
streetlamp many thanks were I only not

støbt om!"
cast around
recast

"Det sker ikke endnu!" sagde vinden, "og nu
That happens not still said the wind and now

blæser jeg din hukommelse op; kan du få flere
blow I your memory up can you make more

presenter som den, så kan du have en ganske
presents like that so can you have a very

fornøjelig alderdom!"
pleasureful old age

"Bliver jeg kun ikke støbt om!"
Become I only not cast around
molten and recast to something else

sagde lygten, "eller kan du da også sikre mig
said the lamp or can you then also assure my

hukommelsen?" -
memory

63

"Gamle lygte, vær fornuftig!" sagde vinden, og så
Old lamp be sensible said the wind and so

blæste den. - i det samme kom Månen frem.
blew it in that same came the Moon forth

"Hvad giver De?" spurgte vinden.
What give you asked the wind

"Jeg giver ingen ting!" sagde den, "jeg er jo i
I give no thing said it I am well in

aftagende, og lygterne har aldrig lyst for mig,
decrease and the lamps have never shone for me

men jeg har lyst for lygterne." Og så gik Månen
but I have shone for the lamps And so went the Moon

bag ved skyerne igen, for den ville ikke
behind with the clouds again for it wanted not

plages. Da faldt lige på røghætten en
be bothered Then fell just on the smoke cap a

vanddråbe, den var som et tagdryp, men dråben
water drop it was as a roof drip but the drop

sagde, den kom fra de grå skyer og var også en
said it come from the gray clouds and was also a

present, og måske den allerbedste. Jeg trænger
present and maybe the best I penetrate

ind i dig, så at du får den evne, at du i en
inside in you so that you get the ability that you in one

nat, når du ønsker dig det, kan gå over i
night when you wish yourself that can go over in

rust, så du falder helt sammen og bliver til et
rust so you fall all together and remain to a

støv. Men det syntes lygten var en dårlig present
dust But that felt the lamp was a bad present

og vinden syntes det samme; "Er der ingen
and the wind felt the same Is there none

bedre, er der ingen bedre?" blæste den så højt
better is there none better blew it so high

den kunne; da faldt et skinnende stjerneskud, det
it could then fell a shining star-shot it
(shooting star)

lyste i en lang stribe.
shone in a long line

"Hvad var det?" råbte sildehovedet, "faldt der ikke
What was that shouted the herring head fell there not

en stjerne lige ned? jeg tror den gik i lygten! -
a star just down I believe it went in the lamp

Nå, søges embedet også af så højtstående, så kan
Well is sought the office also of so high standing so can
well if high flyers like that also want to be successor

vi gå at lægge os!" og det gjorde det, og de
we go to lie ourselves and that did it and the

andre med; men den gamle lygte lyste med et så
others with but the old lamp shone with a so
(too)

forunderligt stærkt: "Det var en dejlig present!"
wondrous strength That was a beautiful present

sagde den. "De klare stjerner, som jeg altid har
said it The bright stars which I always have

fornøjet mig så meget over, og som skinner så
pleased myself so much over and which shine so

dejlige, som jeg egentlig aldrig har kunnet skinne,
beautiful as I actually never have could shine

skønt det var min hele stræben og tragten, de
although that was my whole striving and trying they

har lagt mærke til mig fattige gamle lygte og
have laid notice to my poor old lamp and

sendt en ned med en present til mig, der består
send one down with a present to me that exists

i den evne, at alt hvad jeg selv husker og
in the ability that all what I self remember and
(out of)

ser rigtig tydeligt, skal også kunne ses af dem,
see right clearly shall also be able to see from them

jeg holder af! og det er først den sande
(that) I hold of and that is first the real
love

fornøjelse, for når man ikke kan dele den med
pleasure for when one not can share it with

andre, så er den kun en halv glæde!"
others so is it only a half happiness

"Det er meget agtværdigt tænkt!" sagde vinden,
That is very remarkably thought said the wind

"men du ved nok ikke at der hører vokslys til.
but you know still not that it belong wax lights to

Uden at der bliver tændt et vokslys inden i
Without that it remains lit a wax light inside in

dig, er der ingen af de andre, der kan se noget
you is there no one of the other that can se something

ved dig. Det har stjernerne ikke betænkt, de
with you That have the stars not thought of they

tror nu at alt hvad der skinner, har i det
believe now that all what there shines has in the

mindste et vokslys i sig. Men nu er jeg træt"!
least a wax light in itself but now am I tired

sagde vinden, "nu vil jeg lægge mig!" og så lagde
said the wind now shall I lie myself and so laid

den sig.
it itself

Næste dag – – ja næste dag kan vi springe
(The) next day   yes (the) next day can we jump

over; næste aften så lå lygten i lænestol,
over (the) next evening so lay the lamp in (a) leaning chair

og hvor -? Hos den gamle vægter. Han havde af
and where With the old watchman He had of

"de seksogtredve mænd" udbedt sig for sin lange
the six-and-twenty men begged himself for his long

tro tjeneste, at måtte beholde den gamle lygte;
faithful service to may keep the old lamp

de lo af ham da han bad og så gav de
they laughed of him when he begged and so gave they

ham den, og nu lå lygten i lænestol tæt
him it and now lay the lamp in (a) leaning chair close
                                                           (an armchair)

ved den varme kakkelovn, og det var ordentligt
by the warm tile-stove and that was just

ligesom den var blevet større derved, den fyldte
like it was become bigger there with it filled
               (had)

næsten hele stolen. Og de gamle folk sad alt ved
almost whole the chair And the old folk sat all with

aftensmaden og kastede milde øjne hen til den
the evening dinner and threw mild eyes to to the

gamle lygte, som de gerne havde givet plads ved
old lamp as they liked to have given place by

bordet med. Det var jo rigtignok i en kælder
the table with It was well truly in a basement
(too)

de boede, to alen nede i jorden; man måtte
(that) they lived two alone down in the earth one must

gennem en brolagt forstue for at komme ind i
through a paved fore room for to come inside in

stuen, men lunt var her, for der var
the room but snug was (it) here for there were

klædeslister for døren; rent og net så her ud;
clothstrips before the door clean and neat looked here out
it looked here

gardiner om sengestedet, og over de små
curtains around the bedside and over the small

vinduer, hvor der oppe på karmene stod to
windows where there up on the sill stood two

underlige urtepotter; matros Christian havde bragt
wondrous herbal pots sailor Christian had brought
(strange)

dem hjem fra Ostindien eller Vestindien, det
them home from the East Indies or the West Indies it

var af lertøj to elefanter, hvis ryg manglede,
was from earthenware two elephants each back missing

men i dennes sted blomstrede der ud af jorden,
but in their place flowered there out of the earth

som var lagt deri, i den ene af den dejligste
which was laid there in in the one of the most beautiful

purløg, det var de gamle folks køkkenhave, og i
chives that was the old folks kitchen garden and in

den anden en stor blomstrende geranie, der var
the other a large flowering geranium that was

deres blomsterhave. På væggen hang et stort
their flower gorden On the wall hung a large

kulørt billede, med "Kongressen i Wien," der
colored picture with Congress in Vienna there

havde de alle konger og kejsere på engang! - Et
had they all kings and emperors on one time A
(in)

bornholmsk ur med tunge blylodder gik "tik!
Bornholm clock with thick lead weights went tic

tak!" og altid for gesvindt, men det var bedre end
tac and always too fast but that was better than

at det skulle gå for langsomt, sagde de gamle
that it should go too slow said the old

folk. De spiste deres aftensmad, og den gamle
people They ate their evening food and the old

gadelygte lå som sagt i lænestolen tæt ved den
streetlamp lay as said in the leaning chair close by the
(the armchair)

varme kakkelovn. Det var for lygten, som om der
warm tile-stove It was for the lamp as if it

var vendt op og ned på hele verden. - Men da
was turned up and down on whole the world But when

den gamle vægter så på den og talte om
the old watchman looked at it and told about

hvad de to havde oplevet med hinanden, i
what they two had experienced with eachother in

regn og i rusk, i de klare, korte sommernætter
the rain and in squalls in the clear short summer nights

og når sneen fygede så det var godt at komme
and when the snow drifted so it was good to come

i kælderskuret, da var alt igen i orden for
into the basement shed then was all again in the order for
(ok)

den gamle lygte, den så det, som om det var
the old lamp then saw it as if it was

endnu, jo, vinden havde rigtignok godt lyst
still (happening) well the wind had precisely good lit

op inde i den. -
up inside in it

De var så flittige og så flinke, de gamle folk,
They were so industrious and so clever the old people

ingen time blev rent døset hen; søndag
no time remained clean blown away sunday

eftermiddag kom der en eller anden bog frem,
afternoon came there one or other book forth

helst en rejsebeskrivelse, og den gamle mand
preferably a travel description and the old man

læste højt om Afrika, om de store skove og
read high about Africa about the large forests and
(aloud)

elefanterne, som der gik vilde omkring, og den
the elephants which there went wild round about and the

gamle kone hørte sådan efter og skottede så
old woman heard such after and shot so

hen til ler-elefanterne der var urtepotter! - "Jeg
towards to the clay-elephants that were herb pots I

kan næsten tænke mig det!" sagde hun. Og lygten
can almost think my that said she And the lamp

ønskede så inderligt at der var et vokslys at
wished so heartfelt that it was a wax light and

tænde og sætte inden i den, så skulle hun
lit and set inside in it so should she

grangivelig se alt, således som lygten så det, de
exactly see all like as the lamp saw it the

høje træer, de tætte grene slyngede i hverandre,
high trees the close branches twisted in eachother

de nøgne sorte mennesker til hest og hele skarer
the naked black people on horse and whole herds

af elefanter, som med deres brede fødder knuste
of elephants who with their wide feet crushed

rør og buske.
bamboo and bushes

"Hvad kan alle mine evner hjælpe, når der ingen
What can all my abilities help when there none

vokslys er!" sukkede lygten, "de har kun tran og
wax tape is sighed the lamp they have only oil and

tællelys, og det er ikke nok!" -
tallow and that is not enough

En dag kom der et helt bundt vokslysstumper i
One day came there a whole bundle (of) wax light stumps in

kælderen, de største stykker blev brændt og de
the basement the biggest pieces became burned and the

mindre brugte den gamle kone til at vokse sin
lesser used the old woman for to wax her

tråd med når hun syede; vokslys var der, men
thread with when she sewed wax lights were there but

de faldt ikke på at sætte et lille stykke i lygten.
they fell not on to set a little piece in the lamp
did not think of

"Her står jeg med mine sjældne evner!" sagde
Here stand I with my rare abilities said

lygten, "jeg har alt indeni mig, men jeg kan ikke
the lamp I have all inside myself but I can not

dele med dem! De ved ikke, at jeg kan
share with them They know not that I can

forvandle de hvide vægge til de dejligste tapeter,
change the white walls to the most beautiful tapestries

til rige skove, til alt hvad de vil ønske sig!
to rich forests to all what they want to wish themselves

- De ved det ikke!"
They know it not

Lygten stod i øvrigt skuret og net i en krog
The lamp stood in moreover polished and neat in a corner
besides

hvor den altid faldt i øjnene; folk sagde rigtig
where it always fell in the eyes people said justly

nok at den var et skrummel, men det brød de
enough that it was a monstrosity but that cared the

gamle sig ikke om, de holdt af lygten.
old ones themselves not about the held of the lamp
loved

En dag, det var den gamle vægters fødselsdag,
One day it was the old watchman's birthday

kom den gamle kone hen til lygten, smilede
came the old woman away to the lamp smiled

så småt og sagde: "Jeg vil illuminere for ham!"
so small and said I shall light for him
in herself

og lygten knagede i blikhætten, thi
and the lamp creaked in the sheet metal hat as
was pictured around him

den tænkte: "Nu går lyset op for dem!" men der
it thought Now goes the light up for them but there

kom tran og ingen vokslys, den brændte hele
came oil and no wax light it burned all

aftnen, men vidste nu at den gave, stjernerne
the evening but knew now that the gift the stars

havde givet den, den bedste gave af alle, blev en
had given it the best gift of all became a

død skat for dette liv. Da drømte den, - og
dead treasure for this life Then dreamed it and
(hidden)

når man har slige evner, kan man nok drømme,
when one has such capabilities can one still dream
(also)

- at de gamle folk var døde, og at den selv
that the old people were dead and that it self

var kommet til en jernstøber og skulle
was come to an iron caster and should
(had)

smeltes om, den var lige så angst som da den
be melted about it was just so scared as when it
  recast

skulle på rådstuen og synes af de
should (go) on the council room and appear of the
(to)

"seksogtredve mænd," men skønt den havde
six-and-twenty man but although it had

evnen at kunne falde sammen i rust og støv,
the ability to be able to fall together in rust and dust

når den ønskede sig det, så gjorde den det
when it wished itself that so did it that

dog ikke, og så kom den i smelteovnen, og
however not and so came it in the melting furnace and

blev til den dejligste jernlysestage, hvori
became to the most beautiful iron light stick where in

nogen ville sætte et vokslys; den havde form af
anyone would set a wax lamp it had form of

en engel, der bar en buket og midt i
an angel it carried a bunch (of flowers) and middle in

buketten blev vokslyset sat og stagen fik
the bunch was the wax light set and the (candle)stick got

plads på et grønt skrivebord, og værelset var så
place on a green write-table and the room was so
(desk)

hyggeligt, der stod mange bøger, der hang dejlige
snug there stood many books there hung beautiful

billeder, det var hos en digter, og alt hvad han
paintings that was with a poet and all what he

tænkte og skrev, det rullede op rundt omkring,
thought and wrote it rolled up round about
was pictured around him

stuen blev til dybe mørke skove, til solbelyste
the room became to deep dark forest to sun lit

enge, hvor storken gik og spankede, og til
meadows where the stork went and strut and to

skibsdækket højt på det svulmende hav! -
the ship's deck high on the swelling sea

"Hvilke evner jeg har!" sagde den gamle lygte idet
Which abilities I have said the old lamp in that

den vågnede. "Næsten kunne jeg længes efter at
it awoke almost could I long after to
(for)

smeltes om! - dog nej, det må ikke ske
be melted about however no that may not happen
recast as something else

så længe de gamle folk lever! De holder af mig
so long the old people live They hold of me

for min persons skyld! Jeg er dem jo, som i
for my persons sake I am them well as in

barns sted og de har skuret mig og de har
child's stead and they have polished me and they have

givet mig tran! og jeg har det lige så godt, som
given me oil and I have it just so good as

'Kongressen', der er sådant noget fornemt
the Congress there is such something fine

noget!"
thing

Og fra den tid havde den mere indvortes ro,
And from that time had it more inner peace

og det fortjente den skikkelige gamle gadelygte.
and that deserved the good-natured old streetlamp

Ib og lille Christine
Ib and little Christine

Ib og lille Christine
Ib and little   Christine

Nær ved Gudenå, inde i Silkeborg Skov, løfter sig
Close by Gudena inside in Silkeborg Forest raises itself

en landryg, som en stor vold, den kaldes "åsen"
a land-back as a large wall it is called the ridge

og under den mod vest lå, ja der ligger
and under it towards (the) west lay yes it lies

endnu, et lille bondehus med magre jorder; sandet
still a little farmhouse with meager lands the sand
unfertile

skinner igennem den tynde rug- og bygager. Det
shines through the thin rye and barley-fields That

er nu en del år siden; folkene, som boede der,
is now a part year since the people who lived there
few years

drev deres lille avling, havde dertil tre får, et
drove their little crop had there-to three sheep a
(ran)

svin og to stude; kort sagt, de havde det ret
swine and two bullocks short said they had it right
(pig)

vel til føden, når man tager den, som man har
well to the food when one takes it as one has

den, ja de kunne vel også have bragt det til at
it yes tthey could well also have brought it for to

holde et par heste, men de sagde, som de
keep a couple (of) horses but they said as the

andre bønder derovre: "Hesten æder sig selv!" –
other farmers there over The horse eats its self

den tærer for det gode den gør. Jeppe-Jæns drev
it tears for the good (that) it does Jeppe-Jens drove
(breaks) (ran)

sin lille jordlod om sommeren, og var om vinteren
his little earth plot in the summer and was in the winter

en flink træskomand. Han havde da også
a fine wooden shoe maker He had there also

84

medhjælp,	en	karl,	der	forstod	at	skære
with-help (support)	a	man	who	understood	at	cut

træsko,	der	var	både	stærke,	lette	og	med
wooden shoes	that	were	both	strong	light	and	with

facon;	ske	og	slev	skar	de;	det	gav	skillinger,
shape	shoes	and	spoons	cut	they	that	gave	shillings

man	kunne	ikke	kalde	Jeppe-Jæns	for	fattigfolk.
one	could	not	call	Jeppe-Jens	for	poor people ()

Lille	Ib,	den	syvårs	dreng,	husets	eneste
Little	Ib	the	seven year (old)	boy	the house's	only

barn	sad	og	så	til,	skar	i	en	pind,	skar	sig
child	sat	and	saw	to	cut	in	a	stick	cut	himself ()

også	i	fingrene,	men	en	dag	havde	han	snittet
also	in	the fingers	but	one	day	had	he	cut

to	stykker	træ,	så	at	de	så	ud,	som	små
two	pieces	(of) wood	so	that	they	saw out looked		like	small

træsko,	de	skulle,	sagde	han,	foræres	til	lille
wooden shoes	they	should	said	he	be given	to	little

Christine, og det var prammandens lille datter, og
Christine and that was the boatman's little daughter and

hun var så fin og så yndelig, som et
she was so fine and so adorable like a

herskabsbarn; havde hun klæder skåret, som hun
gentleman's child had she dressed differently as she

var født og båret, så ville ingen tro at hun
was fed and born so would no one believe that she

var fra lyngtørvhuset på Sejshede. Derovre boede
was from the peat bog house on Sejshede Over there lived

hendes fader, der var enkemand og ernærede
her father who was widower and earned

sig ved at pramme brænde fra skoven ned til
himself by to barge firewood from the forest down to

Silkeborg åleværk, ja tit derfra videre op til
Silkeborg eel-work yes often there from farther up to
(eel farm)

Randers. Ingen havde han, der kunne tage vare på
Randers Nobody had he that could take care on
(of)

lille Christine, der var et år yngre end Ib og så
little Christine that was a year younger than Ib and so

var hun næsten altid hos ham, på prammen og
was she almost always with him on the barge and

mellem lyngen og tyttebærbuskene; skulle han
between the peat and cranberry bushes should he

endelig helt op til Randers, ja så kom lille
finally all (the way) up to Randers yes so came little
(then)

Christine over til Jeppe-Jæns'.
Christine over to Jeppe-Jens

Ib og lille Christine kom godt ud af det ved leg
Ib and little Christine came well out of it by play

og ved fad; de rodede og de gravede, de krøb
and by bowl they rooted and they dug they crawled

og de gik, og en dag vovede de sig ene
and they went and one day wandered they themselves one

to næsten helt op på åsen og et stykke ind
two almost all up on the ridge and a piece inside

i skoven, engang fandt de dér sneppeæg, det
in the forest once found they there snipes eggs that

var en stor begivenhed.
was a great event

Ib havde endnu aldrig været ovre på Sejshede,
Ib had still never been over on Sejshede

aldrig prammet igennem søerne ad Gudenå, men
never barged through the lakes at Gudena but

nu skulle han det: Han var indbudt af
now should he that He was invited of

prammanden og aftnen forud fulgte han hjem
the barge man and the evening ahead followed he home

med ham.
with him

På de højt opstablede brændestykker i prammen
On the high up stacked burning pieces in the barge
(pile of firewood)

sad tidlig om morgnen de to børn og spiste
sat early in the morning the two children and ate

brød og hindbær. Prammanden og hans
bread and strawberries The barge man and his

medhjælper stagede sig frem, det gik med
helper poled themselves forward it went with

strømmen, i rask fart ned ad åen, gennem
the current in speedy course down to the stream through

søerne, der syntes at lukke sig ved skov og
the lakes they seemed to close themselves by wood and

ved siv, men altid var der dog gennemfart,
by rushes but always was there still through course
(passage)

om endogså de gamle træer hældede sig
about then also they old trees held themselves
even though (stretched)

helt ud og egetræerne strakte frem afskallede
wholly out and the oak trees stretched forth bare

grene, ligesom om de havde opsmøgede ærmer
branches just like as they had turned up arms

og ville vise deres knudrede, nøgne arme;
and wanted to show their knotty bare arms

gamle elletræer, som strømmen havde løsnet fra
old alder-trees which the stream had loosened from

skrænten, holdt sig med rødderne fast ved
the bank held themselves with the roots fast at

bunden, og så ud ligesom små skovøer;
the bottom and so out just like small forest islands

åkander vuggede på vandet; det var en dejlig
water lillies waved on the water it was a beautiful

fart! – og så kom man til åleværket, hvor vandet
course and so came one to the eel work where the water
(trip) (they)

brusede gennem sluserne; det var noget for Ib og
rushed through the sluices that was enough for Ib and

Christine at se på!
Christine to look at

Dengang var endnu hernede hverken fabrik eller
That time was still here down neither factory or
(nor)

by, her stod kun den gamle avlsgård og
town here stood only the old breeding farm and

besætningen der var ikke stor, vandets fald
the crew there was not big the water fell

gennem slusen og vildandens skrig, det var
through the sluice and the wild's scream it was

dengang den stadigste livlighed. – Da nu
that time the slowest liveliness When now

brændet var prammet om, købte Christines fader
the firewood was barged about bought Christine's father
unloaded

sig et stort knippe ål og en lille slagtet
himself a large bundle (of) eel and a little slaughtered

gris, der alt tilsammen i en kurv blev stillet
pig which all together in a basket became set

agter ude på prammen. Nu gik det mod
behind out on the barge Now went it against

strømmen hjem, men vinden var med og
the current home(wards) but the wind was with (them) and

da de satte sejl til, var det lige så godt, som
when they set sail to was it just so good as
(as)

om de havde to heste for.
if they had two horses in front

Da de med prammen var så højt oppe under
When they with the barge were so high up under

skoven, at de lå ud for hvor manden, der hjalp
the forest that they lay out for where the man who helped

med at pramme, havde kun et kort stykke hjem,
with the barge had only a short piece home

så gik han og Christines fader i land, men
so went he and Christine's father in land but
(on)

pålagde børnene at forholde sig rolige og
instructed the children to keep themselves calm and

forsigtige, men det gjorde de ikke længe, de
careful but that did they not (for) long they

måtte se ned i kurven hvor ålene og grisen
must see down in the basket where the eels and the pig

gemtes og grisen måtte de løfte på og holde
were hidden and the pig must they lift on and hold
(up)

den, og da de begge ville holde den så tabte
it · and · when · they · both · wanted · to hold · it · so · dropped

de den og det lige ud i vandet; der drev den
the · it · and · it · lie · out · in · the water · it · floated · down

på strømmen, det var en forfærdelig begivenhed.
on · the stream · it · was · a · horrible · event

Ib sprang i land og løb et lille stykke, så kom
Ib · jumped · in · land · and · ran · a · little · piece · so · came
(on) · (stretch)

også Christine; "tag mig med dig!" råbte hun, og
also · Christine · take · me · with · you · shouted · she · and

nu var de snart inde i buskene, de så ikke
now · were · they · soon · inside · in · the bushes · they · saw · not

længere prammen eller åen; et lille stykke
longer · the barge · or · the river · and · little · piece

endnu løb de, så faldt Christine og græd; Ib fik
still · ran · they · so · fell · Christine · and · cried · Ib · got

hende op.
her · up

"Kom med mig!" sagde han. "Huset ligger
Come with me said he The house lies

derovre!" men det lå ikke derovre. De gik og
over there but it lay not over there They went and

de gik, over vissent løv og tørre nedfaldne
they went over dead leaves and dry down fallen

grene, der knagede under deres små fødder; nu
branches that cracked under their small feet now

hørte de en stærk råben – de stod stille og
heard they a strong cry they stood still and
    (loud) stopped

lyttede; nu skreg en ørn, det var et fælt skrig,
listened now screamed an eagle it was a ugly scream

de blev ganske forskrækket, men foran dem,
they remained wholly afraid but before them

inde i skoven, voksede de dejligste blåbær, en
inside in the forest grew the most beautiful blueberries an

utrolig mængde; det var alt for indbydende til
incredible amount it was all too inviting to

ikke	at	blive	og	de	blev	og	de	spiste,	og
not	to	stay	and	they	remained	and	they	ate	and

blev	ganske	blå	om	mund	og	kinder.	Nu
became	all	blue	around	(the) mouth	and	cheeks	Now

hørtes	igen	en	råben.
was heard	again	a	cry

"Vi får bank for grisen!" sagde Christine.
We get knock for the pig said Christine
(a beating)

"Lad os gå hjem til vort!" sagde Ib; "det er her i
Let us go home to us said Ib it is here in

skoven!" og de gik; de kom på en kørevej, men
the forest and they went they came by a crossroad but
(crossing)

hjem førte den ikke, mørkt blev det og angst
home carried it not dark became it and afraid

var de. Den forunderlige stilhed rundt om
were they The wondrous silence round about

afbrødes ved fæle skrig af den store hornugle
was broken off by shrill cries of the large horned owl
(was interrupted)

eller lyd fra fugle, de ikke kendte; endelig stod
or sound from birds they not knew finally stood

de begge to fast i en busk, Christine græd og
they both two stuck in a bush Christine cried and

Ib græd, og da de så havde grædt en stund
Ib cried and when they so had cried a bit

lagde de sig i løvet og faldt i søvn.
laid they themselves in the leaves and fell in sleep

Solen var højt oppe da de vågnede, de
The sun was high up when they awoke they

frøs, men oppe på højden tæt ved, skinnede
froze but up on the height close by shone
(were freezing) (the hill)

solen ned mellem træerne, der kunne de varme
the sun down between the trees there could they warm

sig og derfra, mente Ib, måtte de kunne
themselves and there from meant Ib must they be able
(thought)

se hans forældres hus; men de var langt fra
to see his parents house but they were long from

det, i en ganske anden del af skoven. De
it in a totally other part of the forest They
(different)

kravlede helt op på højden og stod på en
crawled totally up on the height and stood on an
(clambered) (all the way)

skrænt ved en klar, gennemsigtig sø; fiskene i den
edge by a clear transparent lake the fish in it

stod i stime belyst af solstrålerne; det var så
stood in (a) shoal lit up of the sun beams it was so
(by)

uventet hvad de så og tæt ved var en stor
unawaited what they saw and close by was a large
(unexpected)

busk fuld af nødder, ja sågar syv kløvser; og de
bush full of nuts yes even seven bunches and they

plukkede og de knækkede og fik de fine kærner,
picked and they cracked and got the fine pits

der havde begyndt at sætte sig, – og så kom
that had began to set themselves and so came
ripen

der endnu en overraskelse, en forskrækkelse. Fra
there again a surprise a scare From

busken trådte frem en stor, gammel kone, hvis
the bush stepped forth a large old woman whose

ansigt var så brunt og håret så glinsende og
face was so brown and the hair so shiny and

sort; det hvide i hendes øjne skinnede ligesom på
black the white in her eyes shone like on

en morian; hun havde en bylt på nakken, og en
a moor she had a bundle on the neck and a
(the back)

knortekæp i hånden; hun var en taterske.
knotted stick in the hand she was a gypsy

Børnene forstod ikke straks hvad hun sagde;
The children understood not immediately what she said

og hun tog tre store nødder op af lommen,
and she took three big nuts up from the pocket

inde i hver lå de dejligste ting gemt, fortalte
inside in each lay the most beautiful thing hidden told

hun, det var ønskenødder.
she that were wishing nuts

Ib så på hende, hun var så venlig, og så tog
Ib looked at her she was so friendly and so took

han sig sammen og spurgte, om han måtte
he himself together and asked if he might

have de nødder og konen gav ham dem og
have the nuts and the woman gave him them and

plukkede sig en hel lomme fuld af dem på
picked herself a whole pocket full of them on
(from)

busken.
the bush

Og Ib og Christine så med store øjne på de
And Ib and Christine looked with large eyes at the
(wide open)

tre ønskenødder.
three wishing nuts

"Er der i den en vogn med heste for?" spurgte
Are there in them a carriage with horses in front asked

Ib.
Ib

"Der er en guldkaret med guldheste!" sagde
There is a golden coach with golden horses said

konen.
the woman

"Så giv mig den!" sagde lille Christine, og Ib gav
So give me it said little Christine and Ib gave

hende den og konen knyttede nødden ind i
her it and the woman knotted the nut inside in
(tied up)

hendes halstørklæde.
her scarf

"Er der inde i denne sådant et lille kønt
Is there inside in this such a little pretty

halsklæde, som det Christine dér har?" spurgte Ib.
scarf as it Christine there has asked Ib

"Der er ti halsklæder!" sagde konen, "der er
There are ten scarfs said the woman there are

fine kjoler, strømper og hat!"
fine dresses socks and hats

"Så vil jeg også have den!" sagde Christine, og
So want I also have it said Christine and
(Then)

lille Ib gav hende også den anden nød; den tredje
little Ib gave her also the other nut the third

var en lille sort en.
was a little black one

"Den skal du beholde!" sagde Christine, "og
That one shall you keep said Christine and

den er også køn."
that one is also pretty

"Og hvad er der i den?" spurgte Ib.
And what is it in that one asked Ib

"Det allerbedste for dig!" sagde taterkonen.
The most best for you said the gypsy woman

Og Ib holdt fast på nødden. Konen lovede at
And Ib held fast on the nut The woman promised to

føre dem på rette vej hjem, og de gik, men
lead them on (the) right way home and the went but

rigtignok i en ganske modsat retning, end de
precisely in a totally opposite direction than they

skulle gå, men derfor tør man ikke beskylde
should go but therefore dared one not blame

hende for, at hun ville stjæle børn.
her for that she wanted to steal the children

I den vildsomme skov mødte de skovløberen
In the wild forest met they the forester

Chræn, han kendte Ib, og ved ham kom Ib med
Chraen he knew Ib and by him came Ib with

lille Christine hjem, hvor man var i stor angst for
little Christine home where one was in great fear for

dem, og tilgivelse fik de, skønt de havde begge
them and forgiving got they although they had both

fortjent et godt livfuldt ris, først fordi de lod
earned a good lively twig first for that they let
(spanking)

grisen falde i vandet og dernæst at de var
the pig fall in the water and there to that they were
(had)

løbet deres vej.
ran   their   way

Christine kom hjem på heden og Ib blev i
Christine came home on the heath and Ib remained in

det lille skovhus; det første han der om aftnen
the little forest house the first he there in the evening

gjorde, var at tage frem nødden, der gemte "det
did   was to take forth the nut which hid the

allerbedste"; – han lagde den mellem døren og
all best   he laid it between the door and

dørkarmen, klemte så til, nødden knak, men ikke
the door frame pressed so to the nut cracked but no

kerne skabt var der at se, den var fyldt ligesom
pit shape were there to see it was filled like

med   snus   eller   muldjord;
with   smelling tobacco   or   muddy soil

der var gået orm i den, som det kaldes.
there was gone worm in it as it was called
              it had gone bad

103

"Ja, det kunne jeg nok tænke!" mente Ib, "hvor
Yes that could I enough think thought Ib where

skulle der, inde i den lille nød, være plads for
should there inside in that little nut be room for

det allerbedste! Christine får hverken fine klæder
the all best Christine gets neither fine clothes

eller guldkaret ud af sine to nødder!"
or the gold coach out of her two nuts

Og vinteren kom og det nye år kom.
And the winter came and the new year came

Og der gik flere åringer. Nu skulle Ib gå til
And there went multiple years Now shall Ib go to

præsten og han boede langvejs borte. På den tid
the priest and he lived (a) long way gone On that time

kom en dag prammanden og fortalte hos Ibs
came one day the bargeman and told with Ibs
(to)

forældre, at lille Christine skulle nu ud at tjene
parents that little Christine should now out to earn

for sit brød, og at det var en sand lykke for
for her bread and that it was a such fortune for

hende, at hun kom i de hænder, hun kom, fik
her that she came in the hands she came got

tjeneste hos sådanne brave folk; tænk, hun skulle
service with such good people think she should

til de rige krofolk i Herningkanten, vesterpå; der
to the rich inn people in the Herningside westwards there

skulle hun gå mor til hånde og siden, når hun
should she go mother to her and since when she

skikkede sig og der var konfirmeret, ville de
suits herself and it was confirmed would they
(behaves)

beholde hende.
keep her

Og Ib og Christine tog afsked fra hinanden:
And Ib and Christine took leave from eachother

Kærestefolkene blev de kaldt; og hun viste
Love-people became they called and she showed
(Girlfriend and boyfriend)

ham	ved	afskeden,	at	hun	endnu	havde	de	to
him	at	goodbye	that	she	still	Had	the	two

nødder,	som	hun	fik	af	ham	da	de	løb	vild	i
nuts	which	she	got from	him		when	they	ran got lost	wild	in

skoven,	og	hun	sagde,	at	hun	i	sin	klædekiste
the forest	and	she	said	that	she	in	her	clothing chest

gemte	de	små	træsko,	han	som	dreng	havde
hid	the	small	wooden shoes	(that) he	as	boy	had

skåret	og	foræret	hende.	Og	så	skiltes	de.
cut	and	gifted	her	And	so	separated	they

Ib	blev	konfirmeret,	men	i	sin	moders	hus
Ib	became	confirmed	but	in	his	mothers	house

blev	han,	for	han	var	en	flink	træskosnider
remained	he	for	he	was	a	clever	wooden shoe cutter

og	han	passede	godt	om	sommeren	den	lille
and	he	passed	well	in	the summer	the	little

avling,	hans	moder	havde	kun	ham	dertil,	Ibs	fader
crop	his	mother	had	only	him	to	Ibs	father

var død.
was dead

Kun sjældent, og det var da ved en postkarl eller
Only seldom and that was then by a postman or

en ålebonde, hørte man om Christine: Det gik
an eel seller heard one about Christine that went
(they)

hende godt hos de rige krofolk og da hun var
her well with the rich inn folk and when she was

blevet konfirmeret, skrev hun til faderen brev
become confirmed wrote she to the father (a) letter

med hilsen til Ib og hans moder; i brevet
with greetings to Ib and his mother in the letter

stod om seks nye særke og en dejlig
stood about six new specials and a beautiful
(was written) (underclothes)

klædning, Christine havde fået af husbond og
dress Christine had gotten from husband and

madmor. Det var rigtignok gode tidender.
foodmother That were indeed good times
(wife)

Foråret derefter, en smuk dag, bankede det på
The spring there after a beautiful day knocked it on

Ibs og hans moders dør, det var prammanden med
Ib's and his mother's door it was the bargeman with

Christine; hun var kommet i besøg på en dags
Christine she was come in visit on a day's

tid; der var just en lejlighed til Them og igen
time that was just an opportunity to Them and again

tilbage, og den benyttede hun. Smuk var hun,
back and that used she Beautiful was she

som en fin frøken, og gode klæder havde hun,
as a fine young lady and good clothes had she

de var syede vel og de passede til hende. I
they were sewed well and the fitted to her In

fuld stads stod hun og Ib var i de daglige, gamle
full state stood she and Ib was in the daily old

klæder. Han kunne slet ikke komme til mæle; vel
clothes He could at all not come to speak well

tog han hendes hånd, holdt den så fast, var så
took he her hand held it so fast was so

inderlig glad, men munden kunne han ikke få på
inside happy but the mouth could he not get on
(heartfelt) ()

gang, det kunne lille Christine, hun talte, hun
go it could little Christine she talked she
(going)

vidste at fortælle og hun kyssede Ib lige på
knew to tell and she kissed Ib lightly on

munden:
the mouth

"Kender du mig ikke nok!" sagde hun; men selv
Know you me not still said she but self
(anymore)

da de var ene to og han endnu stod og holdt
when they were one two and he again stood and held
together

hende i hånden, var alt hvad han kunne sige,
her in the hand was all what he could say

alene det: "Du er blevet ligesom en fin dame! og
only that You are become like a fine lady and
(have)

jeg ser så pjusket ud! hvor jeg har tænkt på dig,
I see so ruffled out how I have thought on you
look so rough (of)

Christine! og på gamle tider!"
Christine and on old times

Og de gik arm i arm op på åsen og så over
And they went arm in arm up on the ridge and saw over

Gudenå til Sejshede med de store lyngbanker, men
Gudena to Sejshede with the big heather hills but

Ib sagde ikke noget, dog da de skiltes ad,
Ib said not anything although when they separated at
()

var det klart for ham, at Christine måtte blive
was it clear for him that Christine must become

hans kone, de var jo fra små kaldt
his wife they were well from small called

kærestefolk, de var, syntes han, et forlovet
love people they were felt he a betrothed
(boyfriend and girlfriend)

par, uagtet ingen af dem selv havde sagt det.
pair not looking at none of them selves had said it
(even though)

Kun nogle timer endnu kunne de være sammen,
Only few hours still could they be together

for hun skulle igen til Them, hvorfra tidlig næste
for she should again to Them where from early next

morgen vognen kørte tilbage vesterpå. Faderen og
morning the coach drove back westwards The father and

Ib fulgte med til Them, det var klart måneskin,
Ib followed with to Them it was clear moonshine
() ()

og da de kom der og Ib endnu holdt
and when they came there and Ib still held

Christines hånd, kunne han ikke slippe den, hans
Christine's hand could he not let go of it his

øjne de var så klare, men ordene faldt kun
eyes they were so clear but the words fell only
(bright)

småt, men det var hjerteord hvert eneste et:
small but they were heart words each single one
(hesitatingly) (from the heart)

"Er du ikke blevet for fint vant," sagde han, "og
Are you not become to fine used said he and
too grand

111

kan du finde dig i at leve i vor mors hus
can you find yourself in to live in our mother's house
           accept

med mig, som ægtemand, så bliver vi to engang
with me as husband so become we two once again

mand og kone! – – men vi kan jo vente lidt!"
man and wife but we can well wait (a) little

"Ja, lad os se tiden an, Ib!" sagde hun; og så
Yes let us see the time on Ib said she and so

trykkede hun hans hånd og han kyssede hende på
pressed she his hand and he kissed her on

hendes mund. "Jeg stoler på dig, Ib!" sagde
her mouth I trust on you Ib said

Christine, "og jeg tror, at jeg holder af dig! men
Christine and I believe that I hold of you but
                        love

lad mig sove på det!"
let me sleep on that

Og så skiltes de ad. Og Ib sagde til
And so separated they at And Ib said to
()

prammanden, at han og Christine var nu så
the bargeman that he and Christine were now so

godt som forlovede, og prammanden fandt, at det
good as engaged and the bargeman found that it
(thought)

var, som han altid havde tænkt om det; og han
was as he always had thought about it and he

fulgte hjem med Ib og sov der i seng med
followed home with Ib and slept there in bed with
stayed the night

ham, og der taltes så ikke mere om
him and there was spoken so not anymore about

forlovelsen.
the engagement

Et år var gået; to breve var vekslet mellem Ib
One year was gone two letters were exchanged between Ib

og Christine; "trofast til døden!" stod der
and Christine faithful until death stood there

ved underskriften. En dag trådte prammanden
with under writing One day stepped the bargeman
signed

ind til Ib, han havde hilsen til ham fra
inside to Ib he had greetings to him from

Christine; hvad mere han havde at sige, gik det
Christine what more he had to say went it

lidt langsomt med, men det var det, at det gik
little slow with but it was that that it went

Christine vel, mere end vel, hun var jo en køn
Christine well more than well she was well a pretty

pige, agtet og afholdt. Kromandens søn havde
girl respected and loved The innkeeper's son had

været hjemme på besøg; han var ansat ved
been home on visit he was employed with

noget stort i København, ved et kontor: Han
something large in Copenhagen with an office He

syntes godt om Christine, hun fandt ham også
felt well around Christine she found him also

efter sit sind, hans forældre var nok ikke uvillige,
after her liking his parents were still not unwilling
(also)

men nu lå det dog Christine på hjertet, at
but now lay it however Christine on the heart that

nok Ib tænkte så meget på hende, og så havde
still Ib thought so much on her and so had
                              (of)

hun betænkt at skyde lykken fra sig, sagde
she thought to shoot the luck from herself said
              to refuse this good fortune

prammanden.
the bargeman

Ib sagde i førstningen ikke et ord, men han
Ib said in first not a word but he

blev lige så hvid, som et klæde, rystede lidt
became like so white as a cloth shook (a) little

med hovedet og så sagde han: "Christine må ikke
with the head and so said he Christine must not

skyde sin lykke fra sig!"
shoot her happiness from herself
refuse her happiness

"Skriv hende det par ord til!" sagde prammanden.
Write her that few words to said the bargeman
              those few words

Og Ib skrev også, men han kunne ikke ret sætte
And Ib wrote also but he could not rightly put

ordene sammen, som han ville, og han slog
the words together as he wanted and he struck

streg over og han rev itu, – men om
lines over and he ripped to pieces but in

morgnen var der et brev i stand til lille
the morning were there a letter and stood to little

Christine, og her er det!
Christine and here is it

– "Det brev, du har skrevet til din fader, har jeg
The letter you have written to your father have I

læst og ser, at det går dig vel i alle måder og
read and see that it goes you well in all matters and

at du kan få det endnu bedre! Spørg dit
that you can make it even better Ask your

hjerte ad, Christine! og tænk vel over hvad du går
heart at Christine and think well over what you go
()

ind til, om du tager mig; det er kun ringe hvad
in to if you take me it is only bad what

jeg har. Tænk ikke på mig og hvordan jeg har
I have Think not on me and how I have

det, men tænk på dit eget gavn! Mig er du ikke
it but think on your own gifts Me are you not

bundet til ved løfte, og har du i dit hjerte
bound to with promises and have you in your heart

givet mig et, så løser jeg dig fra det. Alverdens
given me one so loose I you from it All the world's
(untie)

glæde være over dig, lille Christine! Vorherre har
gladness be over you little Christine Our Lord has

vel trøst for mit hjerte!
well consolation for my heart

Altid din inderlige ven,
Always your heartfelt friend

Ib."
Ib

Og brevet blev afsendt og Christine fik det.
And the letter was send away and Christine got it

Ved mortensdagstider blev der lyst fra
By Martin days times became there list from
St Martin's in November

prædikestolen for hende, i kirken på heden og
the pulpit for her in the church on the heath and

ovre i København, hvor brudgommen var, og
over in Kopenhagen where the bride-groom was and
(the groom)

derover rejste hun med sin madmor, da
there over travelled she with her mother when

brudgommen, for sine mange forretningers skyld,
the groom for his many travels blame
because of his travels

ikke kunne komme så langt over i Jylland.
not could come so far over into Jutland

Christine havde, efter aftale, truffet sammen med
Christine had after agreement met together with

sin fader i landsbyen Funder, som vejen går
her father in the village Funder which the road goes

igennem og som var ham det nærmeste
through and which was for him the nearest

mødested; der tog de to afsked.
meeting place there took they two leave

Derom kom til at falde et par ord, men Ib sagde
About that came to at fall a few words but Ib said
There was spoken about it

ikke noget; han var blevet så eftertænksom, sagde
not anything he was become so thoughtful said

hans gamle mor; ja eftertænksom var han, og
his old mother yes thoughtful was he and

derfor randt ham i tanke de tre nødder, han
therefore ran him in thought the three nuts he

som barn fik af taterkonen og gav Christine de
as kid got of the gypsy womand and gave Christine the

to af, det var ønskenødder, i hendes den ene lå
two of that were wishing nuts in hers the one lay

jo en guldkaret med heste, i den anden de
well a gold coach with horses and the other the

dejligste   klæder;   det slog til! al den herlighed
most beautiful   clothes   that struck to   all the   glory
                           it had come true

fik hun nu ovre i kongens København! for hende
got she now over in the king's Copenhagen for her

gik det i opfyldelse! - for Ib var der i nødden
went it in fulfillment   for Ib was there in the nut

kun den sorte muld. "Det allerbedste" for ham,
only the black soil The   all best   for him

havde taterkonen sagt, - jo, også det gik i
had   the gypsy lady said   yes also that went in

opfyldelse! den sorte muld var ham det bedste.
fulfillment   the black soil was him the best

Nu   forstod   han tydeligt hvad konen havde
Now understood he clearly what the woman had

ment: I den sorte jord, i gravens gemme, der
meant In the black earth in the grave's hiding place there

var det ham det allerbedste!
was it him the   best

Og der gik åringer, – ikke mange, men lange,
And there went years / not many but long

syntes Ib; de gamle krofolk døde bort, den ene
felt Ib the old inn people died away the one
(passed)

kort efter den anden; al velstanden, mange
short after the other all the wealth many

tusinde rigsdaler gik til sønnen. Ja, nu kunne
thousands reichsthaler went to the son Yes now could
(golden coins)

Christine få guldkaret og fine klæder nok.
Christine get the gold coach and fine clothes enough

I to lange år, som fulgte, kom ikke brev fra
In two long years which followed came not (a) letter from

Christine, og da så faderen fik et, var det slet
Christine and when so the father got one was it at all

ikke skrevet i velstand og fornøjelse. Stakkels
not written in wealth and pleasure Poor

Christine! hverken hun eller hendes mand havde
Christine neither she or her man had

vidst at holde måde på rigdommen, den gik, som
known to hold way on the riches they went as

den kom, der var ingen velsignelse ved den, for
they come there was no blessing by them for
(from)

de ville det ikke selv.
they wanted it not self

Og lyngen stod i blomster og lyngen tørrede
And the heather stood in flower and the heather dried

hen; sneen havde mange vintre fyget over Sejs
to the snow had many winters drift over Sejs
(away)

Hede, over åsen hvor Ib boede i læ;
Heath over the ridge where Ib lived and lay

forårssolen skinnede og Ib satte ploven i jorden,
the spring's sun shone and Ib set the plow in the earth

da skar den, som han troede, hen af en
there cut it as he believed to off a

flintesten, der kom ligesom en stor sort høvlspån
flint stone it came like a large black shard

op over jorden, og da Ib tog på den, mærkede
up over the earth and when Ib took on it noticed

han, at det var et metal, og hvor ploven havde
he that it was a metal and where the plow had

skåret ind i det, skinnede det blankt. Det var en
cut into in it shined it white It was a

tung, stor armring af guld fra hedenold;
thick large arm-ring of gold from heathen times

kæmpegraven var blevet jævnet her, dens kostelige
the battle grave was become disturbed here its valuable

smykke fundet. Ib viste det til præsten, der sagde
beauty found Ib showed it to the priest who said

ham hvad herligt det var og derfra gik Ib med
him what wonderful it was and there from went Ib with
    (how)

det til herredsfogeden, der gav indberetning derom
it to the master bailiff who gave report about it
    (the magistrate)

til København og rådede Ib selv at overbringe
to Kopenhagen and advised Ib himself to bring over

det kostelige fund.
the   valuable   find

"Du har fundet i jorden det bedste, du kunne
You have found in the earth the best you could

finde!" sagde herredsfogeden.
find   said   the master bailiff
           (the magistrate)

"Det bedste!" tænkte Ib. "Det allerbedste for mig –
The   best   thought Ib the best for me

og i jorden! så havde taterkvinden dog også
and in the earth so had the gypsy however also
           (was)

ret med mig, når det var det bedste!"
right with me when it was the best
    (about)

Og Ib gik med smakken fra Århus til kongens
And Ib went with the ferry-boat from Arhus to the king's

København; det var som en rejse over
Copenhagen it was like a journey over

verdenshavet, for ham, som kun havde sat over
the world's ocean for him who only had sat over

Gudenå. Og Ib kom til København.
Gudena · And · Ib · came · to · Copenhagen

Værdien af det fundne guld blev udbetalt ham,
The value · of · the · found · gold · became · paid out · (to) him

det var en stor sum: seks hundrede rigsdaler. Dér
it · was · a · large · sum · six · hundred · reichsthaler · There
(golden coins)

gik i det store, vildsomme København Ib fra
went · in · the · big · wild · Copenhagen · Ib · from

skoven ved Sejshede.
the forest · by · Sejs' heath

Det var netop aftnen før han ville med
It · was · just · the night · before · he · wanted · with

skipperen tilbage til Århus, da han forvildede
the skipper · back · to · Arhus · when · he · lost

sig i gaderne, kom i en ganske anden retning,
himself · in · the streets · came · in · a · totally · other · direction

end den han ville, og var, over Knippelsbro,
than · the one · he · wanted · and · was · over · Knippelsbridge

125

kommet til Christianshavn i stedet for ned mod
come to Christianshaven in stead for down to

volden ved Vesterport! Han styrede ganske
the violence by Westerport He steered all
(the bustle)

rigtigt vesterpå, men ikke hvor han skulle. Der
right westwards but not where he should There

var ikke et menneske at se på gaden. Da kom
was not a person to see on the street Then came

der en lille bitte pige ud fra et fattigt hus; Ib
there a little tiny girl out from a poor house Ib

talte til hende om vejen, han søgte; hun
spoke to her about the way she looked around she

studsede, så op på ham og var i heftig gråd.
startled looked up at him and was in violent crying

Nu var hans spørgsmål, hvad hun fejlede, hun
Now was his question what her failed she
what her problem was

sagde noget, som han ikke forstod og idet
said something which he not understood and in that

de begge var lige under en lygte, og lyset fra
they both were right under a lamp and the light from

den skinnede hende lige ind i ansigtet, blev han
it shone her just into in the face became he

ganske underlig, for det var livagtig lille Christine
all wondering for it was lively little Christine

han så, ganske, som han huskede hende fra de
he saw totally as he remembered her from they

begge var børn.
both were children

Og han gik med den lille pige ind i det fattige
And he went with the little girl inside in the poor

hus, op ad den smalle, slidte trappe, højt op til
house up to the small worn down stairs high up to

et lille, skråt kammer under taget. Der var en
a little sloping room under the roof There was a

tung, kvalm luft derinde, intet lys tændt; henne i
thick bad air there in no light lit there in

krogen sukkede det og drog vejret trangt. Ib
the corner sighed it and drew the breath tight Ib
(heavily)

tændte en svovlstik. Det var barnets moder, som
lit a sulfur stick It was the kid's mother who
(a match)

lå på den fattige seng.
lay on the miserable bed

"Er der noget, jeg kan hjælpe eder med!" sagde
Is there something I can help you with said

Ib. "Den lille fik mig fat, men jeg er fremmed
Ib The little one got me fast but I am stranger
caught me

selv her i staden. Er her ingen naboer eller
self here in the city Are here no neighbors or

nogen, jeg kan kalde på!" – Og han løftede hendes
someone I can call on And he lifted her

hoved.
head

Det var Christine fra Sejshede.
It was Christine from Sejs's heath

I   åringer var derhjemme i Jylland hendes navn
In   the years was at home   in Jutland her   name

ikke blevet nævnt, det ville have rørt   op i   Ibs
not   was   named   it   would have touched up in Ibs

stille tankegang, og   det var jo   ikke heller godt,
quiet   thoughts   and it   was well not   all   good

hvad   rygtet   og   sandheden meldte,   at   de   mange
what   the rumor   and the truth reported that the much

penge, hendes mand fik i   arv   fra   hans
money   her   man   got in inheritance from his

forældre, havde gjort ham overmodig og   vildsom;
parents   had   made   him bold   and wild

sin   faste   stilling havde han opgivet,   rejst   et
his   permanent position had   he   given up   travelled a

halvt år   i   fremmede lande, kommet tilbage og
half   year in strange   lands   come   back   and

gjort gæld og   dog   flaneret;   mere og   mere
made   debt and still idled about more and more

hældede vognen og til sidst væltede den.
heeled over· the carriage (of life) and to last overturned it
(listed)

De mange lystige venner fra hans bord sagde
The many happy friends from his table said

om ham, at han fortjente det, som det gik
about him that he deserved it how it went

ham, han havde jo levet, som en gal mand! –
him he had well lived as a mad man

Hans lig var en morgen fundet i kanalen i
His body was in the morning found in the canal in

Slotshaven.
Slotshaven

Christine gik med døden i sig; hendes yngste
Christine went with the dead in herself her youngest

lille barn, kun nogle uger gammelt, båret i
little child only some weeks old carried in

velstand, født i elendighed, var alt i graven og
prosperity raised in misery was all in the grave and

nu var det så vidt med Christine, at hun lå
now was it so wide (far) with Christine that she lay

dødssyg, forladt, på et usselt kammer, usselt,
(in her) deathbed abandoned on a rough room rough

som hun kunne have tålt det i sine unge år
as she could have tolerated it in her young years

på Sejshede, men nu bedre vant, ret følte
on Sejs' heath but now (she was) better used to rightly felt

elendigheden af. Det var hendes ældste, lille
the misery of (it) It was her oldest little

barn, også en lille Christine, der led nød og
child also a little Christine that suffered need (distress) and

sult med hende, og som havde fået Ib derop.
hunger with her and who had gotten Ib up there

"Jeg er bange, jeg dør fra det stakkels barn!"
I am afraid I die from that poor child

fremsukkede hun, "hvor i verden skal hun så
sighed she where in the world shall she so

131

hen!" - mere kunne hun ikke sige.
to   more could she not say

Og Ib fik igen en svovlstik tændt og fandt en
And Ib got again a sulfur stick lit and found a
                        (match)

stump lys, den brændte og lyste i det usle
stump light that burned and shone in the miserable
      (candle)

kammer.
room

Og Ib så på den lille pige og tænkte på
And Ib looked at the little girl and thought on
                                            (of)

Christine i unge dage; for Christines skyld kunne
Christine in young days for Christine's sake could

han være god mod dette barn, som han ikke
he be good to that child which he not

kendte. Den døende så på ham, hendes øjne
knew The dying looked at him her eyes

blev større og større -! Kendte hun ham? Ikke
became bigger and bigger Knew she him Not

vidste han det, ikke et ord hørte han hende sige.
knew he it not a word heard he her say

Og det var i skoven ved Gudenå, nær Sejshede;
And it was in the forest by Gudena close to Sejs' heath

luften var grå, lyngen stod uden blomster, vestens
the sky was grey the heath stood out in bloom the wester

storme drev det gule løv fra skoven ud i
storms drove the yellow leaves from the forest out in

åen og hen over heden hvor græstørvhuset
the stream and to over the heath where the grass turf house

stod, hvor fremmede folk boede; men under
stood where strange people lived but under

åsen, godt i læ bag høje træer stod det lille
the ridge well in lay behind high trees stood the little

hus, hvidtet og malet; inde i stuen brændte i
house whited and painted inside in the room burned in

kakkelovnen klynetørvene, inde i stuen var
the tile-stove cut peat blocks inside in the room was

solskin, der strålede fra to barneøjne, forårets
sunshine it beamed from two child eyes spring's

lærkeslag lød i talen fra dets røde, leende
lark's laugh sounded in the talk from its red smiling

mund; der var liv og lystighed, lille Christine var
mouth it was life and happiness little Christine was

der; hun sad på Ibs knæ; Ib var hende fader og
there she sat on Ibs knees Ib was to her father and

moder, de var borte, som drømmen er det for
mother they were away as the dream is that for

barnet og den voksne. Ib sad i det nette,
the child and the grown ups Ib sat in the neat

pyntelige hus, en velhavende mand; den lille piges
splendid house a wealthy man the little girl's

moder lå på de fattiges kirkegård ved kongens
mother lay on a poor churchyard by the king's

København.
Copenhagen

Ib havde penge på kistebunden, sagde de, guld
Ib had money on the chest's bottom said they gold

fra muld, og han havde jo også lille Christine.
from mold and he had well also little Christine
(soil)

www.ingramcontent.com/pod-product-compliance
Lightning Source LLC
LaVergne TN
LVHW011333080426
835513LV00006B/324

* 9 7 8 1 9 8 8 8 3 0 1 9 3 *